新HSK

3級

必ず☆でる単
スピードマスター

初級650語

原著作 **李 禄興** 中国人民大学副教授
日本語版監修 **楊 達** 早稲田大学教授

Jリサーチ出版

はじめに

中国語学習と単語学習

　宇宙人が地球語を学ぼうとしたら、私は中国語が一番易しいと教えてあげたいです。品詞、時制、格や性別による語形の変化もありませんし、単語を（事柄が発生する）時間軸上に並べればおおよその意思が伝わります。それだけに単語記憶が中国語学習に果たす役割が大きいです。

「HSK 必ず☆でる単」シリーズ

　「HSK 必ず☆でる単」シリーズは HSK の過去問題に出た語彙を各級に対応して収録した初の単語帳で、本書はそのシリーズの第 3 弾。

　目安として 1 年～1 年半の学習歴をもつ、いわば初中級の中国語学習者を対象にしています。この中級の入り口の段階では、新しい語彙が増えるにつれて、発音の定着もさることながら、多義語（複数の意味を持つ単語）や類義語（似た意味を持つ単語）の使い分けを覚えることが重要になってきます。そのために本書では 1・2 級と比べて文法や中国語特有の表現に関する解説を充実させ、学習者の皆さんが例文を通じて記憶できるように工夫しています。

　試験対策にも、よりいっそう「話せる」中国語のためにも本書をおすすめします。

日本語版監修　楊 達

中国語学習には HSKが最適!

HSKとは?

中国語試験の中でも、HSKは中国政府が認定している資格です。中国政府教育部（日本の文部科学省に相当）直属の機関である「孔子学院総部／国家漢弁」が主催しており、世界118か国・地域で実施されています。試験はすべて中国語で行われ、筆記試験は入門レベルの1級から上級レベルの6級まで、スピーキング能力を計る口頭試験は初級・中級・高級が設定されています。

HSKの特徴 ❶ 就職・留学・転職で使える!

中国政府が公認するHSKの成績報告は、中国をはじめとする世界各国で中国語能力の公的証明となります。例えば正規学部生として中国の理系大学へ行くにはHSK4級、文系大学ではHSK5級が必要となるケースがほとんどです。また、日本国内企業への就職時はもちろん、どの国の企業への転職でもHSKの資格を活用することができます。

世界 875 か所以上で実施!

世界での自分のランクがわかる

HSK の特徴 ❷ 初心者から上級者まで 幅広いレベル設定!

大学の第二外国語として3〜4か月程度学んだ学習者が合格できる入門者向けの1級から、5000語以上の常用単語を使いこなす上級者向けの6級まで、幅広い学習者に対応!

	級	各級の目安レベル	学習期間・語いの目安
上級	6級	・中国語の情報をスムーズに読み書きできる ・会話や文章により、自分の見解を流暢に表現できる	・約5000の常用単語習得
	5級	・中国語の新聞・雑誌を読み、中国語のテレビや映画を鑑賞できる ・中国語で比較的整ったスピーチを行える	・週2〜4回の授業で約2年間以上学習 ・約2500の常用単語習得
	4級	・中国語で広範囲の話題について会話ができる ・中国語を母国語とする相手と比較的流暢にコミュニケーションをとれる	大学の第二外国語における	第二年度後期履修
	3級	・生活・学習・仕事などの場面で基本的なコミュニケーションをとれる ・中国旅行の際、大部分のことに対応できる		第二年度前期履修
	2級	・中国語を用いた簡単な日常会話を行える		第一年度後期履修
初級	1級	・中国語の非常に簡単な単語とフレーズを理解し、使用できる		第一年度前期履修

※出所：HSK公式ページ「各級の紹介」

HSK の特徴 ❸ 効率的な語い学習ができる!

HSKでは、主催者である「孔子学院総部／国家漢弁」が、学習者が覚えるべき語句を級別に指定しています。その指定された語句はHSK各級の試験で頻出するため、語いの学習とHSKの受験を両方こなすことで、効率的に語いを増やすことができます。

	指定されている語句の数
1級	150
2級	300
3級	600
4級	1200
5級	2500
6級	5000

HSK の特徴 ❹
中国語試験の中で国内でも最も受験者数が多い!

2018年には中国語検定の受験者数を4000人以上上回り、国内海外ともに受験者数No.1の中国語試験となりました。

HSK・中検 年間受験者数

※2019年11月現在の情報です

本シリーズのご紹介

「新 HSK 必ず☆でる単スピードマスター」とは

大人気シリーズ「必ず★でる単スピードマスター」 HSK 版！

「必ず☆でる単スピードマスター」は、試験に必ずでる単語を短期間でマスターできる、Ｊリサーチ出版の単語帳人気シリーズです。コンパクトで単語の量もちょうどよく、見やすいレイアウトで、特に TOEIC 対策のシリーズが人気となっております。本書は、コンパクトさと見やすさをそのままに、就職と留学に唯一使える中国語試験 HSK を対策できる新シリーズとなります。

HSK 試験シラバスに完全準拠し、 過去問題を徹底分析！

本書は、HSK のシラバスである『HSK 考試大綱』の最新版に準拠しております。最新版のシラバスに掲載されている語句を「HSK 指定語句」として表示しているほか、過去の HSK 試験で使用された語いを分析し、厳選した語句を「頻出語句」として掲載しています。

北京語言大学出版社の書籍を再編集し、 HSK 主催者から認可を受けた単語帳！

本書は、中国の北京語言大学出版社が 2013 年に出版した『新HSK5000 詞分級詞典（一〜三級』に基づいて、『HSK 考試大綱』の最新版に合わせて変更を加え、日本人向けに再編集したものです。HSK を主催する「孔子学院総部／国家漢弁」からも認可を受けた単語帳となります。

特　徴

① 完全級別対応の HSK 単語帳！
　　自分のレベルに合った語いを集中的に学べる！
② 中国語教育で最高峰の
　　"北京語言大学出版社" のコンテンツを使用
③ 元 NHK ラジオ・テレビの講師で早稲田大学教授の
　　楊達先生が監修
④ HSK 主催機関が級別に指定した語句はもちろん、
　　試験に出た語句や日常生活でよく使われる語句も収録。
⑤ 入門～初級レベルでは、
　　中国語学習に最も重要な "発音" をカバー

● HSK 3 級の合格基準について
HSK 3 級の受験の目安は、「大学の第二外国語における第二年度
前期履修程度の学習歴。中国語を使って、生活、学習、仕事等に
おける基本的なコミュニケーションができる」ことです。

※詳細は下記にお問い合わせください。
　一般社団法人日本青少年育成協会　HSK 日本実施委員会
　東京都新宿区神楽坂 6-46　ローベル神楽坂ビル 7F
　TEL 03-3268-6601
　ホームページ：http://www.hskj.jp

目次

第 1 章　HSK 指定語句 300

第 2 章　頻出語句 150

第3章　生活語句200

ピンインアルファベット順 見出し語索引

本書の使い方

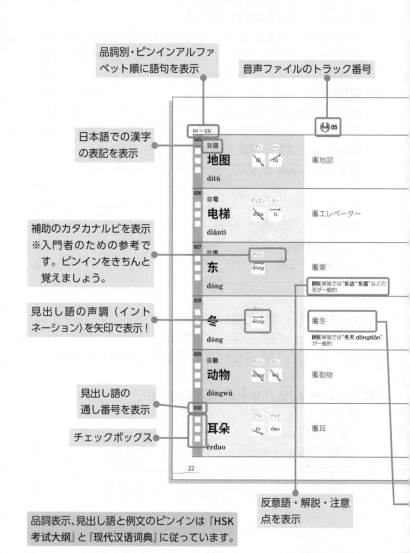

品詞別・ピンインアルファベット順に語句を表示

音声ファイルのトラック番号

日本語での漢字の表記を表示

補助のカタカナルビを表示
※入門者のための参考です。ピンインをきちんと覚えましょう。

見出し語の声調（イントネーション）を矢印で表示！

見出し語の通し番号を表示

チェックボックス

反意語・解説・注意点を表示

品詞表示、見出し語と例文のピンインは『HSK考試大綱』と『現代汉语词典』に従っています。

DI ～ ER

🔊 05

025 日図
地图
dìtú
ディ トゥ
tǐ tú
图地図

026 日電
电梯
diàntī
ディエン ティ
diàn tī
图エレベーター

027 日東
东
dōng
ドン
dōng
图東
解説 単独では"东边""东面"などの形が一般的

028
冬
dōng
ドン
dōng
图冬
解説 単独では"冬天 dōngtiān"が一般的

029 日動
动物
dòngwù
ドン ウゥ
dòng wù
图動物

030
耳朵
ěrduo
アル ドゥオ
ěr duo
图耳

22

凡例

動 動詞　名 名詞　形 形容詞　副 副詞　助動 助動詞　助 助詞　疑 疑問代名詞　介 介詞
量 量詞　間 間投詞　方補 方向補語　可補 可能補語　結補 結果補語　接続 接続詞　固 固有名詞　接尾 接尾辞　接頭 接頭辞　数量 数量詞　数 数詞　フ フレーズ　日 日本語の漢字表記
⇔ 反意語　≒ 同意語　関 関連語　**【解説】** 意味などの詳しい解説　⚠ 注意

学習を終えた語句の数が一目で分かります。
（1 コマ 25 語句）

| You are here! | 100 | 200 | 300 | 400 | 500 | 600 | 650 |

第1周/第3天

学習スケジュールの目安を週と日で表示

他的房间里挂着一张世界地图。
Tā de fángjiān li guàzhe yì zhāng shìjiè dìtú.

彼の部屋には1枚の世界地図がかけられています。

我们看看地图，就知道该怎么走了。
Wǒmen kànkan dìtú, jiù zhīdao gāi zěnme zǒu le.

私たちは地図をちょっと見て、どう行くべきかわかりました。

2つの例文とピンインを表示。見出し語は赤く表示。2つの例文に音声がついています。

这栋楼的电梯每层都停。
Zhè dòng lóu de diàntī měi céng dōu tíng.

このビルのエレベーターは各階に止まります。

电梯坏了，我们走上去吧。
Diàntī huài le, wǒmen zǒushàngqu ba.

エレベーターが故障しているので、私たちは歩いて上がりましょう。

一直往东走，就是十号楼。
Yìzhí wǎng dōng zǒu, jiùshì shí hào lóu.

ずっと東へ歩いて行くと、10号館があります。

路东是商店，路西是邮局。
Lù dōng shì shāngdiàn, lù xī shì yóujú.

道の東側は商店で、西側は郵便局です。

ページに収録された語句の品詞を表示

我们是 2008 年冬认识的。
Wǒmen shì èrlínglíngbā nián dōng rènshi de.

私たちは2008年の冬に知り合いました。

我最不喜欢的季节是冬天。
Wǒ zuì bù xǐhuan de jìjié shì dōngtiān.

私が最も嫌いな季節は冬です。

例文に対応した日本語訳を表示
※中国語の構文や語句の意味が理解しやすいように、直訳風にしています。

他喜欢各种小动物。
Tā xǐhuan gè zhǒng xiǎo dòngwù.

彼はいろいろな小動物が好きです。

有很多动物面临着灭绝的危险。
Yǒu hěn duō dòngwù miànlínzhe mièjué de wēixiǎn.

多くの動物が絶滅の危機に瀕しています。

这只小狗两只耳朵大大的，真可爱。
Zhè zhī xiǎo gǒu liǎng zhī ěrduo dàdà de, zhēn kě'ài.

この子犬は両耳が大きく、本当にかわいいです。

我的右耳朵有点儿听不见了。
Wǒ de yòu ěrduo yǒudiǎnr tīngbujiàn le.

私は右耳がちょっと聞こえにくくなりました。

指定語句

頻出語句

生活語句

名詞

23

ノンブル

見出し語訳を表示
※見出し語の別の品詞の意味も表示

赤シートを使用するとカタカナルビ・見出し語訳・声調を表す矢印が消えます。

音声ダウンロードについて

STEP 1 商品ページにアクセス！ 方法は次の3通り！

- QRコードを読み取ってアクセス。
- https://www.jresearch.co.jp/book/b492311.htmlを入力してアクセス。
- Jリサーチ出版のホームページ（https://www.jresearch.co.jp/）にアクセスして、「キーワード」に書籍名を入れて検索。

STEP 2 ページ内にある「音声ダウンロード」ボタンをクリック！

STEP 3 ユーザー名「1001」、パスワード「24710」を入力！

STEP 4 音声の利用方法は2通り！ 学習スタイルに合わせた方法でお聴きください！

- 「音声ファイル一括ダウンロード」より、ファイルをダウンロードして聴く。
- ▶ボタンを押して、その場で再生して聴く。

※ダウンロードした音声ファイルは、パソコン・スマートフォンなどでお聴きいただくことができます。一括ダウンロードの音声ファイルは .zip 形式で圧縮してあります。解凍してご利用ください。ファイルの解凍が上手く出来ない場合は、直接の音声再生も可能です。
音声ダウンロードについてのお問合せ先：toiawase@jresearch.co.jp（受付時間：平日9時〜18時）

HSK 指定語句 300

『HSK 考试大纲』(HSK 試験シラバス) 2015
年版で 3 級の語句として指定されている 300
語句をまずは覚えましょう。

名詞

 Track 01

AY～BA

001	阿姨 āyí	ア ā	イィ yí	名 おばさん、お手伝いさん 解説 子どもが大人の女性に対して親しみを込めて使う

002	旧愛 爱好 àihào	アイ ai	ハオ hào	名 趣味　動 好む

003	班 bān	バン bān		名 クラス、班 量 グループを数える

004	办法 bànfǎ	バン bàn	ファ fǎ	名 方法 同 方法 fāngfǎ 解説 話し言葉で"办法"、書き言葉で"方法"が使われることが多い

005	办公室 bàngōngshì	バン bàn	グゥン gōng	シィ shì	名 事務所、オフィス

006	包 bāo	バオ bāo		名 かばん、バッグ 量 袋　動 包む 解説 包みを数える量詞としても使われる

指定語句

頻出語句

生活語句

名詞

阿姨，请问附近有商店吗？
Āyí, qǐngwèn fùjìn yǒu shāngdiàn ma?

おばさん、すみませんが、この近くにお店はありますか？

我找了个阿姨帮我洗衣服。
Wǒ zhǎole ge āyí bāng wǒ xǐ yīfu.

私は洗濯を手伝ってくれるお手伝いさんを探しました。

我们俩有共同的爱好，所以成了朋友。
Wǒmen liǎ yǒu gòngtóng de àihào, suǒyǐ chéngle péngyou.

私たち2人は共通の趣味があったので、友達になりました。

他从小就爱好音乐。
Tā cóngxiǎo jiù àihào yīnyuè.

彼は小さいころから音楽が好きでした。

我们中学的时候在一个班。
Wǒmen zhōngxué de shíhou zài yí ge bān.

私たちは中学校のころ同じクラスでした。

我们班有十五个人。
Wǒmen bān yǒu shíwǔ ge rén.

私たちのクラスは15人います。

你别着急，让我们想想办法。
Nǐ bié zháojí, ràng wǒmen xiǎngxiang bànfǎ.

あせらないで、私たちに方法を考えさせてください。

我现在是一点儿办法也没有了。
Wǒ xiànzài shì yìdiǎnr bànfǎ yě méiyǒu le.

私は今、まったくどうしようもなくなりました。

我的办公室在七层708号。
Wǒ de bàngōngshì zài qī céng qīlíngbā hào.

私の事務所は7階の708号室です。

他每天早上七点在办公室吃饭。
Tā měitiān zǎoshang qī diǎn zài bàngōngshì chī fàn.

彼は毎朝7時にオフィスでご飯を食べます。

这个包有点儿旧了，我想买个新的。
Zhège bāo yǒudiǎnr jiù le, wǒ xiǎng mǎi ge xīn de.

このかばんは少し古いので、私は新しいものを買いたいです。

我今天没有带包。
Wǒ jīntiān méiyǒu dài bāo.

私は今日かばんを持っていません。

007			
北方 běifāng	ベイ běi　ファン fāng	图 (中国の) 北方 **解説** 年間降水量1000mmのラインである、秦嶺・淮河線よりも北の地域を指す	

008			
日筆記 **笔记本** bǐjìběn	ビィ bǐ　ヂィ jì　ベン běn	图 ノート、手帳 ノートパソコン	

009			
比赛 bǐsài	ビィ bǐ　サイ sài	图 試合　動 試合をする	

010			
日氷 **冰箱** bīngxiāng	ビン bīng　シアン xiāng	图 冷蔵庫	

011			
鼻子 bízi	ビィ bí　ツ zi	图 鼻	

012			
菜单 càidān	ツァイ cài　ダン dān	图 メニュー	

指定語句 頻出語句 生活語句 名詞

我爸爸是北方人，妈妈是南方人。
Wǒ bàba shì běifāngrén, māma shì nánfāngrén.

私の父は北方の人で、母は南方の人です。

他是一个普通的北方小伙子。
Tā shì yí ge pǔtōng de běifāng xiǎohuǒzi.

彼は普通の北方の若者です。

这是谁的笔记本？上面没有名字。
Zhè shì shéi de bǐjìběn? Shàngmiàn méiyǒu míngzi.

これは誰のノートですか？ 表に名前がありません。

这台笔记本可以无线上网。
Zhè tái bǐjìběn kěyǐ wúxiàn shàngwǎng.

このノートパソコンはワイヤレスでネットができます。

我们两个班的篮球比赛明天开始。
Wǒmen liǎng ge bān de lánqiú bǐsài míngtiān kāishǐ.

私たち2クラスのバスケットボールの試合は明日始まります。

我跟他比赛过两次，都输了。
Wǒ gēn tā bǐsàiguo liǎng cì, dōu shū le.

私は彼と2回試合して、2回とも負けました。

这些啤酒需要放在冰箱里吗？
Zhèxiē píjiǔ xūyào fàngzài bīngxiāng li ma?

これらのビールは冷蔵庫に入れておくべきですか？

冰箱里有饮料，你自己拿吧。
Bīngxiāng li yǒu yǐnliào, nǐ zìjǐ ná ba.

冷蔵庫の中には飲み物があるので、自分で取ってください。

我的鼻子不通气了，真难受。
Wǒ de bízi bù tōngqì le, zhēn nánshòu.

私は鼻がつまっていて、本当につらいです。

他的鼻子高高的，眼睛大大的。
Tā de bízi gāogāo de, yǎnjing dàdà de.

彼は鼻が高く、目が大きいです。

服务员，请拿菜单来！
Fúwùyuán, qǐng ná càidān lai!

すみません、メニューを持ってきてください！

您可以看这个英文菜单。
Nín kěyǐ kàn zhège Yīngwén càidān.

あなたはこの英語のメニューを見ることができます。

013	草 ツァオ cǎo	图草、わら
	cǎo	関 花草 huācǎo 草花

014	超市 チァオ シィ chāo shì	图スーパーマーケット
	chāoshì	

015	衬衫 チェン シァン chèn shān	图シャツ、ブラウス
	chènshān	

016	成绩 チォン ヂィ chéng jì	图成績
	chéngjì	

017	城市 チォン シィ chéng shì	图町、都市
	chéngshì	

018	船 チュアン chuán	图船
	chuán	

房上长出来几棵草。
Fáng shàng zhǎngchulai jǐ kē cǎo.

屋根に草が数本生え出ています。

公园里的草都绿了。
Gōngyuán li de cǎo dōu lǜ le.

公園の草が緑になりました。

那个大超市晚上十点才关门。
Nàge dà chāoshì wǎnshang shí diǎn cái guānmén.

あの大きなスーパーは夜10時に閉店します。

我每个星期六都要去超市。
Wǒ měi ge xīngqīliù dōu yào qù chāoshì.

私は毎週土曜日にスーパーに行きます。

这件衬衫很好看，就是太贵了。
Zhè jiàn chènshān hěn hǎokàn, jiùshì tài guì le.

このシャツは見た目がいいのですが、ただとても高いです。

他穿着一件白衬衫。
Tā chuānzhe yí jiàn bái chènshān.

彼は白いシャツを着ています。

我们班谁的成绩最高?
Wǒmen bān shéi de chéngjì zuìgāo?

私たちのクラスでは誰の成績が一番いいですか？

我这次考试，听力成绩是八十五分。
Wǒ zhè cì kǎoshì, tīnglì chéngjì shì bāshiwǔ fēn.

私はこの試験で、リスニングの成績は85点でした。

他住在城市，没去过农村。
Tā zhùzài chéngshì, méi qùguo nóngcūn.

彼は都市に住んでいて、農村に行ったことがありません。

这个城市给我留下了很好的印象。
Zhège chéngshì gěi wǒ liúxiàle hěn hǎo de yìnxiàng.

この町は私にとてもよい印象を残しました。

这条船很大，能坐二百多人。
Zhè tiáo chuán hěn dà, néng zuò èrbǎi duō rén.

この船は大きく、200人以上乗ることができます。

我刚下船，一个小时以后到家。
Wǒ gāng xià chuán, yí ge xiǎoshí yǐhòu dào jiā.

私は船を下りたばかりです、1時間後に家に着きます。

019			
	春 chūn	チュン chūn	图春 **解説** 単独では "**春天 chūntiān**" が一般的

020			
	日詞 词典 cídiǎn	ツー ディエン cí diǎn	图辞書、辞典

021			
	蛋糕 dàngāo	ダン ガオ dàn gāo	图ケーキ

022			
	灯 dēng	ドォン dēng	图明かり

023			
	地方 dìfang	ディ ファン dì fang	图場所、部分 **関 地方 dìfāng**（中央に対する） 地方、地元

024			
	日鉄 地铁 dìtiě	ディ ティエ dì tiě	图地下鉄

指定語句

頻出語句

生活語句

名詞

2011 年春，我们一起来到中国。
Èrlíngyīyī nián chūn, wǒmen yìqǐ láidào Zhōngguó.

2011 年の春、私たちはいっしょに中国にやって来ました。

我最喜欢的季节是春天。
Wǒ zuì xǐhuan de jìjié shì chūntiān.

私が最も好きな季節は春です。

我特别需要一本英汉词典。
Wǒ tèbié xūyào yì běn Yīng-hàn cídiǎn.

私は英中辞典が特に必要です。

今天的考试可以带词典。
Jīntiān de kǎoshì kěyǐ dài cídiǎn.

今日のテストには辞書を持ち込むことができます。

我送了他一个生日蛋糕。
Wǒ sòngle tā yí ge shēngrì dàngāo.

私は彼にバースデーケーキを贈りました。

这是个水果蛋糕，很好吃。
Zhè shì ge shuǐguǒ dàngāo, hěn hǎochī.

これはフルーツのケーキで、とてもおいしいです。

天黑了，开灯吧。
Tiān hēi le, kāi dēng ba.

暗くなったので、明かりをつけましょう。

一会儿你关灯吧。
Yíhuìr nǐ guān dēng ba.

少したったら明かりを消してください。

我很喜欢这个地方，不想走了。
Wǒ hěn xǐhuan zhège dìfang, bù xiǎng zǒu le.

私はこの場所がとても好きで、離れたくありません。

他去过中国很多地方。
Tā qùguo Zhōngguó hěn duō dìfang.

彼は中国のいろいろな場所に行ったことがあります。

我们坐地铁去吧，地铁很快。
Wǒmen zuò dìtiě qù ba, dìtiě hěn kuài.

私たちは地下鉄で行きましょう、地下鉄は速いです。

坐地铁能不能到首都机场？
Zuò dìtiě néng bu néng dào Shǒudū jīchǎng?

地下鉄に乗って首都空港へ行くことはできますか？

025

日図

ディ　トゥ
dì　tú

地图

dìtú

名 地図

026

日電

ディエン　ティ
diàn　tī

电梯

diàntī

名 エレベーター

027

日東

ドゥン
dōng

东

dōng

名 東

解説 単独では "**东边**""**东面**" などの
形が一般的

028

ドゥン
dōng

冬

dōng

名 冬

解説 単独では "**冬天 dōngtiān**"
が一般的

029

日動

ドゥン　ウゥ
dōng　wù

动物

dòngwù

名 動物

030

アル　ドゥオ
ěr　duo

耳朵

ěrduo

名 耳

他的房间里挂着一张世界地图。
Tā de fángjiān li guàzhe yì zhāng shìjiè dìtú.

彼の部屋には1枚の世界地図が
かけられています。

我们看看地图，就知道该怎么走了。
Wǒmen kànkan dìtú, jiù zhīdao gāi zěnme zǒu le.

私たちは地図をちょっと見て、
どう行くべきかわかりました。

这栋楼的电梯每层都停。
Zhè dòng lóu de diàntī měi céng dōu tíng.

このビルのエレベーターは各階
に止まります。

电梯坏了，我们走上去吧。
Diàntī huài le, wǒmen zǒushangqu ba.

エレベーターが故障しているの
で、私たちは歩いて上がりま
しょう。

一直往东走，就是十号楼。
Yìzhí wǎng dōng zǒu, jiùshì shí hào lóu.

ずっと東へ歩いて行くと、10
号館があります。

路东是商店，路西是邮局。
Lù dōng shì shāngdiàn, lù xī shì yóujú.

道の東側は商店で、西側は郵便
局です。

我们是 2008 年冬认识的。
Wǒmen shì èrlínglíngbā nián dōng rènshi de.

私たちは2008年の冬に知り合
いました。

我最不喜欢的季节是冬天。
Wǒ zuì bù xǐhuan de jìjié shì dōngtiān.

私が最も嫌いな季節は冬です。

他喜欢各种小动物。
Tā xǐhuan gè zhǒng xiǎo dòngwù.

彼はいろいろな小動物が好きで
す。

有很多动物面临着灭绝的危险。
Yǒu hěn duō dòngwù miànlínzhe mièjué de wēixiǎn.

多くの動物が絶滅の危機に瀕し
ています。

这只小狗两只耳朵大大的，真可爱。
Zhè zhī xiǎo gǒu liǎng zhī ěrduo dàdà de, zhēn kě'ài.

この子犬は両耳が大きく、本当
にかわいいです。

我的右耳朵有点儿听不见了。
Wǒ de yòu ěrduo yǒudiǎnr tīngbujiàn le.

私は右耳がちょっと聞こえにく
くなりました。

指定語句

頻出語句

生活語句

名詞

23

031		フゥ チン	
	附近 fùjìn	fù jìn	名近所、付近

032		ガン ツァイ	
	刚才 gāngcái	gāng cái	名ついさっき

033 日個		ゴォ ツ	
	个子 gèzi	gè zi	名背丈、大きさ

034		ゲン デュ	
	根据 gēnjù	gēn jù	名根拠 動基づく

035 日園		グゥン ユエン	
	公园 gōngyuán	gōng yuán	名公園

036		グゥ シ	
	故事 gùshi	gù shi	名物語、お話

指定語句

頻出語句

生活語句

名詞

请问，附近有没有银行?
Qǐngwèn, fùjìn yǒu méiyǒu yínháng?

すみません、近所に銀行はありますか？

这个市场方便了附近住的人们。
Zhège shìchǎng fāngbiànle fùjìn zhù de rénmen.

この市場は近くに住んでいる人たちを便利にしました。

刚才有人找你。
Gāngcái yǒu rén zhǎo nǐ.

さっきあなたを探している人がいました。

刚才发生的一切，我都看见了。
Gāngcái fāshēng de yíqiè, wǒ dōu kànjiàn le.

ついさっき起こった全てを、私は見ていました。

她想找一个高个子的男朋友。
Tā xiǎng zhǎo yí ge gāo gèzi de nánpéngyou.

彼女は背の高い彼氏をほしがっています。

你们比比个子，看谁高。
Nǐmen bǐbi gèzi, kàn shéi gāo.

あなたたちは背を比べてみてください、どちらが高いか見ましょう。

我的看法是有根据的。
Wǒ de kànfǎ shì yǒu gēnjù de.

私の見方には根拠があります。

我们去不去，要根据明天的天气。
Wǒmen qù bu qù, yào gēnjù míngtiān de tiānqì.

私たちが行くかどうかは、明日の天気によります。

我们九点钟在公园门口见面，好吗?
Wǒmen jiǔ diǎn zhōng zài gōngyuán ménkǒu jiànmiàn, hǎo ma?

私たちは9時に公園の入り口で会いましょう、いいですか？

他带孩子去公园玩儿了，到现在还没回来。
Tā dài háizi qù gōngyuán wánr le, dào xiànzài hái méi huílai.

彼は子どもを連れて公園へ遊びに行って、今もまだ帰ってきていません。

这是一个真实的故事。
Zhè shì yí ge zhēnshí de gùshi.

これは本当にあったお話です。

我喜欢看历史故事方面的书。
Wǒ xǐhuan kàn lìshǐ gùshi fāngmiàn de shū.

私は歴史物語の分野の本を読むのが好きです。

037

日 関係

グアン　シ
guān　xi

关系

guānxi

名 関係　動 関係する

関 **没关系** méiguānxi 大丈夫だ

038

グオ　ヂア
guó　jiā

国家

guójiā

名 国、国家

039

ヘイ　バン
hēi　bǎn

黑板

hēibǎn

名 黒板

040

日 後

ホウ　ライ
hòu　lái

后来

hòulái

名 その後、それから

反 **起先** qǐxiān 最初、初め

041

日 護

フゥ　ヂアオ
hù　zhào

护照

hùzhào

名 パスポート

042

日 花

ホア
huā

花（儿）

huā(r)

名 花　動 使う、費やす

指定語句

頻出語句

生活語句

名詞

他们俩的关系很好。
Tāmen liǎ de guānxi hěn hǎo.

彼ら2人の関係はとても良いです。

我带伞了，下雨也没关系。
Wǒ dài sǎn le, xià yǔ yě méi guānxi.

私は傘を持っているので、雨が降っても大丈夫です。

他已经去过二十多个国家了。
Tā yǐjīng qùguo èrshí duō ge guójiā le.

彼はすでに二十数カ国に行ったことがあります。

他回到了自己的国家，感到非常高兴。
Tā huídàole zìjǐ de guójiā, gǎndào fēicháng gāoxìng.

彼は自分の国に帰って、とても嬉しそうでした。

请大家看黑板。
Qǐng dàjiā kàn hēibǎn.

皆さん、黒板を見てください。

你能把这个字写在黑板上吗?
Nǐ néng bǎ zhège zì xiězài hēibǎn shang ma?

あなたはこの字を黒板に書くことができますか？

我后来才注意到了这个问题。
Wǒ hòulái cái zhùyìdàole zhège wèntí.

私は後になってやっとこの問題に気付きました。

他们原来不认识，后来成了好朋友。
Tāmen yuánlái bú rènshi, hòulái chéngle hǎo péngyou.

彼らはもともと知り合いではありませんでしたが、後になって仲の良い友達になりました。

糟糕，我的护照找不到了。
Zāogāo, wǒ de hùzhào zhǎobudào le.

しまった、パスポートが見つかりません。

请把你的护照拿出来。
Qǐng bǎ nǐ de hùzhào náchulai.

あなたのパスポートを出してください。

这朵花儿真漂亮!
Zhè duǒ huār zhēn piàoliang!

この花は本当にきれいです！

她毕业后开了一家花店。
Tā bìyè hòu kāile yì jiā huādiàn.

彼女は卒業後1軒の花屋を開きました。

043

旧環

ホアン　チン

环境　huán jìng

huánjìng

名環境、状況

044

ホアン　ホオ

黄河　Huáng hé

Huánghé

名黄河

045

旧議

ホイ　イィ

会议　huì yì

huìyì

名会議

046

旧機

ディ　ホイ

机会　jī huì

jīhuì

名機会、チャンス

047

旧節

ディ　チエ

季节　jì jié

jìjié

名季節

048

ヂアオ

脚　jiǎo

jiǎo

名足

類 腿 tuǐ 脚

解説 "脚"はくるぶしからつま先まで、"腿"は脚のつけ根からくるぶしまでをいう

指定語句 頻出語句 生活語句 名詞

我喜欢环境优美的地方。 Wǒ xǐhuan huánjìng yōuměi de dìfang.	私は環境のすばらしい場所が好きです。
我想换个工作，改变一下工作环境。 Wǒ xiǎng huàn ge gōngzuò, gǎibiàn yíxià gōngzuò huánjìng.	私は転職して、労働環境を変えたいと思っています。
黄河全长有5456公里，是中国第二长的河流。 Huánghé quán cháng yǒu wǔqiān sìbǎi wǔshiliù gōnglǐ, shì Zhōngguó dì èr cháng de héliú.	黄河の全長は5456キロメートルで、中国で2番目に長い河川です。
听说他的老家就在黄河河畔。 Tīngshuō tā de lǎojiā jiù zài Huánghé hépàn.	彼の実家は黄河の河畔にあるそうです。
我下午三点有个会议。 Wǒ xiàwǔ sān diǎn yǒu ge huìyì.	私は午後3時に会議があります。
会议结束后，大家照了个相。 Huìyì jiéshù hòu, dàjiā zhàole ge xiàng.	会議が終わった後、みんなで写真を撮りました。
这个机会来得不容易。 Zhège jīhuì láide bù róngyì.	こんな機会はめったにやってきません。
我们是因为一个偶然的机会认识的。 Wǒmen shì yīnwèi yí ge ǒurán de jīhuì rènshi de.	私たちは偶然知り合いました。
这里春夏秋冬四个季节非常明显。 Zhèlǐ chūnxiàqiūdōng sì ge jìjié fēicháng míngxiǎn.	ここでは春夏秋冬という4つの季節がとてもはっきりしています。
秋天是收获的季节。 Qiūtiān shì shōuhuò de jìjié.	秋は収穫の季節です。
我的脚受伤了，不能走路了。 Wǒ de jiǎo shòushāng le, bù néng zǒulù le.	私の足は怪我したので、歩くことができなくなりました。
我的脚大，得穿44号鞋。 Wǒ de jiǎo dà, děi chuān sìshísì hào xié.	私の足は大きいので、44号（中国での靴のサイズ）の靴を履かないといけません。

049

街道
jiēdào

チエ jiē ダオ dào

名 通り

050

日節

节目
jiémù

チエ jié ムゥ mù

名 プログラム

051

节日
jiérì

チエ jié リィ rì

名 祝日、祝祭日

052

日経

经理
jīnglǐ

ヂン jīng リィ lǐ

名 経営者

053

句子
jùzi

ヂュ jù ツ zi

名 文

054

客人
kèrén

コォ kè レン rén

名 お客さん

指定語句 頻出語句 生活語句 名詞

这条街道有三百多年历史了。
Zhè tiáo jiēdào yǒu sānbǎi duō nián lìshǐ le.

この通りは300年の歴史があります。

我很喜欢街道两边的大树。
Wǒ hěn xǐhuan jiēdào liǎngbiān de dà shù.

私は通りの両側の大きな木がとても好きです。

我们正在准备汉语表演的节目。
Wǒmen zhèngzài zhǔnbèi Hànyǔ biǎoyǎn de jiémù.

私たちは中国語劇の出し物の準備をしています。

晚会上，我们每个人都要表演一个节目。
Wǎnhuì shang, wǒmen měi ge rén dōu yào biǎoyǎn yí ge jiémù.

パーティでは、私たちはそれぞれ1つの出し物をしなければなりません。

春节是中国最重要的节日。
Chūnjié shì Zhōngguó zuì zhòngyào de jiérì.

春節は中国の最も重要な祭日です。

祝你节日快乐！身体健康！
Zhù nǐ jiérì kuàilè! Shēntǐ jiànkāng!

（記念日や祝祭日を祝って）おめでとう！ 健康を祝して！

他现在是一家公司的经理。
Tā xiànzài shì yì jiā gōngsī de jīnglǐ.

彼は今、会社の経営者です。

你这件事办得很好，经理很满意。
Nǐ zhè jiàn shì bànde hěn hǎo, jīnglǐ hěn mǎnyì.

あなたがこの件をうまく処理したので、経営者はとても満足しています。

这个句子很长，不容易理解。
Zhège jùzi hěn cháng, bù róngyì lǐjiě.

この文はとても長いので、容易に理解できません。

他想了半天，也没想出一个句子来。
Tā xiǎngle bàntiān, yě méi xiǎngchū yí ge jùzi lai.

彼はしばらく考えても、1文も思いつきませんでした。

今天我们家有客人来。
Jīntiān wǒmen jiā yǒu kèrén lái.

今日私たちの家にお客さんが来ます。

中午我请客人们一起吃饭。
Zhōngwǔ wǒ qǐng kèrénmen yìqǐ chī fàn.

お昼に私はお客様方をお食事にご招待しました。

31

055	日調 空调 kōngtiáo	クゥン ティアオ kōng tiáo	名 エアコン
056	裤子 kùzi	クゥ ツ kù zi	名 ズボン
057	筷子 kuàizi	クアイ ツ kuài zi	名 箸
058	礼物 lǐwù	リィ ウゥ lǐ wù	名 プレゼント
059	日歴 历史 lìshǐ	リィ シィ lì shǐ	名 歴史
060	脸 liǎn	リエン liǎn	名 表情、顔

我们的教室都有空调。
Wǒmen de jiàoshì dōu yǒu kōngtiáo.

私たちの教室にはすべてエアコンがあります。

现在不热，把空调关上吧。
Xiànzài bú rè, bǎ kōngtiáo guānshang ba.

今暑くはないので、エアコンを切りましょう。

这条裤子多少钱?
Zhè tiáo kùzi duōshao qián?

このズボンはおいくらですか？

我很喜欢这条黑裤子。
Wǒ hěn xǐhuan zhè tiáo hēi kùzi.

私はこの黒いズボンがとても好きです。

请你拿两双筷子来。
Qǐng nǐ ná liǎng shuāng kuàizi lai.

お箸を2膳持ってきてください。

我不会用筷子，给我个勺子吧。
Wǒ bú huì yòng kuàizi, gěi wǒ ge sháozi ba.

私は箸が使えません。スプーンをくださいよ。

这是我送你的生日礼物。
Zhè shì wǒ sòng nǐ de shēngrì lǐwù.

これは私があなたに贈る誕生日プレゼントです。

这是从中国带来的礼物。
Zhè shì cóng Zhōngguó dàilai de lǐwù.

これは中国から持ってきたお土産です。

我想研究中国古代历史。
Wǒ xiǎng yánjiū Zhōngguó gǔdài lìshǐ.

私は中国の古代史を研究したいです。

这两个国家有很长的交往历史。
Zhè liǎng ge guójiā yǒu hěn cháng de jiāowǎng lìshǐ.

この2つの国には長い交流の歴史があります。

我看不清舞台上演员们的脸。
Wǒ kànbuqīng wǔtái shang yǎnyuánmen de liǎn.

私は舞台上の役者の表情がはっきり見えません。

她喝完酒以后，脸红了。
Tā hēwán jiǔ yǐhòu, liǎn hóng le.

彼女はお酒を飲み終わった後、顔が赤くなりました。

33

061	日隣	リン リン チュ	名 お隣さん
	邻居	lín jū	
	línjū		

062		ロウ	名 ビル、建物
	楼	lóu	
	lóu		

063	日馬	マァ	名 馬
	马	mǎ	
	mǎ		

064		マオ ツ	名 帽子
	帽子	mào zi	
	màozi		

065		ミイ	名 米 量 メートル
	米	mǐ	
	mǐ		

066		ミエン バオ	名 パン
	面包	miàn bāo	
	miànbāo		

指定語句
頻出語句
生活語句
名詞

我们是邻居，当然认识。
Wǒmen shì línjū, dāngrán rènshi.

私たちはお隣同士ですから、もちろん知っています。

我们是多年的老邻居了。
Wǒmen shì duō nián de lǎo línjū le.

私たちは長年のお隣同士です。

我们学校有十座楼。
Wǒmen xuéxiào yǒu shí zuò lóu.

私たちの学校には建物が10棟あります。

这座楼明年就盖好了。
Zhè zuò lóu míngnián jiù gàihǎo le.

このビルは来年、完成します。

那匹马又高又大。
Nà pǐ mǎ yòu gāo yòu dà.

あの馬は体高が高く、がっしりしています。

我养过马，知道马爱吃什么。
Wǒ yǎngguo mǎ, zhīdao mǎ ài chī shénme.

私は馬を飼ったことがあるので、馬が何を食べたがるか知っています。

外面很冷，你戴上帽子吧。
Wàimiàn hěn lěng, nǐ dàishàng màozi ba.

外は寒いですから、あなたは帽子を被りなさいよ。

他一进屋子，就摘了帽子。
Tā yí jìn wūzi, jiù zhāile màozi.

彼は部屋に入るとすぐ、帽子を取りました。

我爱吃米，不爱吃面。
Wǒ ài chī mǐ, bú ài chī miàn.

私はお米を食べるのがとても好きで、麺を食べるのは好きでありません。

我明天要参加百米赛跑。
Wǒ míngtiān yào cānjiā bǎi mǐ sàipǎo.

私は明日100メートル走に参加します。

这种面包很好吃，我天天买。
Zhè zhǒng miànbāo hěn hǎochī, wǒ tiāntiān mǎi.

このパンはとても美味しいので、私は毎日買います。

他做的面包味道很好。
Tā zuò de miànbāo wèidào hěn hǎo.

彼が作るパンの味はとても良いです。

🔊 **Track** 12

067

☐
☐
☐

奶奶

ナイ ナイ
nǎi nai

nǎinai

图 (父方の) 祖母

068

☐
☐
☐

南

ナン
nán

nán

图 南

解説 単独では "**南边**""**南面**" などの形が一般的

069

☐
☐
☐

日級

年级

ニエン ディ
nián jí

niánjí

图 ~年生、学年

070

☐
☐
☐

日鳥

鸟

ニアオ
niǎo

niǎo

图 鳥

071

☐
☐
☐

日盤

盘子

パン ツ
pán zi

pánzi

图 皿

072

☐
☐
☐

啤酒

ピィ チウ
pí jiǔ

píjiǔ

图 ビール

指定語句　頻出語句　生活語句　名詞

奶奶今年七十八岁了。
Nǎinai jīnnián qīshíbā suì le.

祖母は今年で78歳になりました。

爷爷和奶奶身体都很好。
Yéye hé nǎinai shēntǐ dōu hěn hǎo.

祖父と祖母はとても元気です。

夏天经常刮南风。
Xiàtiān jīngcháng guā nánfēng.

夏はいつも南風が吹きます。

从这儿一直往南走两分钟，就有个商店。
Cóng zhèr yìzhí wǎng nán zǒu liǎng fēnzhōng, jiù yǒu ge shāngdiàn.

ここからまっすぐ南に2分進むと、お店があります。

他现在是大学一年级。
Tā xiànzài shì dàxué yī niánjí.

彼は今、大学の1年生です。

他比我高一个年级。
Tā bǐ wǒ gāo yí ge niánjí.

彼は私より学年が1つ上です。

窗户外面有一只小鸟。
Chuānghu wàimiàn yǒu yì zhī xiǎo niǎo.

窓の外には小鳥が1羽います。

北京有很多老人喜欢养鸟。
Běijīng yǒu hěn duō lǎorén xǐhuan yǎng niǎo.

北京には鳥を育てるのが好きなお年寄りがたくさんいます。

请你拿一个盘子来。
Qǐng nǐ ná yí ge pánzi lai.

お皿を1つ持ってきてください。

我想买个大盘子，放水果。
Wǒ xiǎng mǎi ge dà pánzi, fàng shuǐguǒ.

私は果物を置くのに大きなお皿を買いたいです。

你喝啤酒还是喝果汁？
Nǐ hē píjiǔ háishi hē guǒzhī?

あなたはビールを飲みますか、それともジュースを飲みますか？

爸爸吃饭时，喜欢喝啤酒。
Bàba chī fàn shí, xǐhuan hē píjiǔ.

父はご飯を食べるとき、ビールを飲むのが好きです。

073	皮鞋 píxié	ピィ pí	シエ xié	名革靴
074	瓶子 píngzi	ピン píng	ツ zi	名瓶
075	秋 qiū	チウ qiū		名秋 解説 単独では"秋天 qiūtiān"が 一般的
076	裙子 qúnzi	チュン qún	ツ zi	名スカート
077	日伞 伞 sǎn	サン sǎn		名傘
078	声音 shēngyīn	シオン shēng	イン yīn	名声、音

他穿着一双黄褐色的皮鞋。
Tā chuānzhe yì shuāng huánghèsè de píxié.

彼はきつね色の革靴を履いています。

皮鞋店在二楼，您可以从这里上去。
Píxiédiàn zài èr lóu, nín kěyǐ cóng zhèlǐ shàngqu.

革靴店は2階にあります。ここから上がれます。

这些空啤酒瓶子可以卖。
Zhèxiē kōng píjiǔ píngzi kěyǐ mài.

これらの空のビール瓶は売ることができます。

我想找个大瓶子装水。
Wǒ xiǎng zhǎo ge dà píngzi zhuāng shuǐ.

私は水を入れる大きな瓶を探したいです。

秋去冬来，又一年快过去了。
Qiū qù dōng lái, yòu yì nián kuài guòqu le.

秋が過ぎ、冬が来て、また1年が過ぎようとしています。

北京的秋季是一年中最好的季节。
Běijīng de qiūjì shì yì nián zhōng zuì hǎo de jìjié.

北京の秋は1年のうち最も良い季節です。

你穿这条红裙子很漂亮。
Nǐ chuān zhè tiáo hóng qúnzi hěn piàoliang.

あなたはこの赤いスカートを穿くととても綺麗です。

她特别喜欢穿裙子，冬天也穿。
Tā tèbié xǐhuan chuān qúnzi, dōngtiān yě chuān.

彼女はとてもスカートを穿くのが好きで、冬でも穿きます。

下雨了，我们打伞吧。
Xià yǔ le, wǒmen dǎ sǎn ba.

雨が降ってきました。傘をさしましょう。

她们怕晒，都打着太阳伞。
Tāmen pà shài, dōu dǎzhe tàiyángsǎn.

彼女らは日に当たるのが嫌なので、みんな日傘をさしています。

他说话的声音很好听。
Tā shuōhuà de shēngyīn hěn hǎotīng.

彼が話す声はとても聴き心地が良いです。

你能把电视的声音开大一点儿吗?
Nǐ néng bǎ diànshì de shēngyīn kāi dà yìdiǎnr ma?

テレビの音を少し大きくしてくれますか?

指定語句

頻出語句

生活語句

名詞

39

Track 14

079	世界	シィ shì チエ jiè	名世界
080	叔叔	シュウ shū シュ shu	名叔父 (父の弟)、おじ
081	日樹 树	シュウ shù	名木
082	数学	シュウ shù シュエ xué	名数学
083	水平	シュイ shuǐ ピン píng	名レベル、水準
084	司机	スー sī ヂィ jī	名運転手

shìjiè
shūshu
shù
shùxué
shuǐpíng
sījī

指定語句

頻出語句

生活語句

名詞

你知道世界上有多少个国家吗？

Nǐ zhīdao shìjiè shang yǒu duōshao ge guójiā ma?

あなたは世界にいくつの国があるかを知っていますか？

电脑让世界变得越来越小了。

Diànnǎo ràng shìjiè biànde yuè lái yuè xiǎo le.

パソコンは世界をますます小さくしました。

我叔叔比我爸爸小两岁。

Wǒ shūshu bǐ wǒ bàba xiǎo liǎng suì.

私の叔父は私の父よりも2歳年下です。

我叔叔对我很关心，经常打电话来。

Wǒ shūshu duì wǒ hěn guānxīn, jīngcháng dǎ diànhuà lai.

私の叔父は私をとても気遣って、よく電話をかけてくれます。

这棵树有二百多年历史了。

Zhè kē shù yǒu èrbǎi duō nián lìshǐ le.

この木は200年余りの歴史があります。

每年我们都要去山上种树。

Měinián wǒmen dōu yào qù shān shang zhòng shù.

毎年私たちはみんな山に登り、木を植えます。

我不喜欢学数学。

Wǒ bù xǐhuan xué shùxué.

私は数学を勉強するのが好きではありません。

我们国家有很多有名的数学家。

Wǒmen guójiā yǒu hěn duō yǒumíng de shùxuéjiā.

私たちの国には多くの有名な数学者がいます。

他的汉语水平很高。

Tā de Hànyǔ shuǐpíng hěn gāo.

彼の中国語のレベルはとても高いです。

人们的生活水平越来越高了。

Rénmen de shēnghuó shuǐpíng yuè lái yuè gāo le.

人々の生活水準はますます高くなりました。

北京的出租车司机都很热情。

Běijīng de chūzūchē sījī dōu hěn rèqíng.

北京のタクシーの運転手はみんな親切です。

司机还没来，我们都在等他。

Sījī hái méi lái, wǒmen dōu zài děng tā.

運転手がまだ来ないので、私たちはずっと彼を待っています。

Track 15

085 日陽 **太阳** タイ イアン tài yáng tàiyáng		名太陽
086 **体育** ティ ユィ tǐ yù tǐyù		名体育、スポーツ
087 **同事** トゥン シィ tóng shì tóngshì		名同僚
088 日頭髪 **头发** トォウ ファ tou fa tóufa		名髪
089 日書館 **图书馆** トゥ シュウ グアン tú shū guǎn túshūguǎn		名図書館
090 **腿** トゥイ tuǐ tuǐ		名脚 近脚 jiǎo 足 解説 "腿"は脚のつけ根からくるぶしまで、"脚"はくるぶしからつま先までをいう

42

指定語句

頻出語句

生活語句

名詞

雨停了，出太阳了。
Yǔ tíng le, chū tàiyáng le.

雨が止み、日が出ました。

他喜欢在外面坐着晒太阳。
Tā xǐhuan zài wàimiàn zuòzhe shài tàiyáng.

彼は外で座って日に当たるのが好きです。

我们每个星期有两节体育课。
Wǒmen měi ge xīngqī yǒu liǎng jié tǐyù kè.

私たちは毎週2時間体育の授業があります。

今天晚上有体育比赛，我们去看吧。
Jīntiān wǎnshang yǒu tǐyù bǐsài, wǒmen qù kàn ba.

今日の夜はスポーツの試合があります。私たちは見に行きましょう。

他跟同事们的关系都很好。
Tā gēn tóngshìmen de guānxi dōu hěn hǎo.

彼と同僚たちの関係はとても良いです。

下班后，我们几个同事经常在一起踢足球。
Xiàbān hòu, wǒmen jǐ ge tóngshì jīngcháng zài yìqǐ tī zúqiú.

退勤後、私たち何人かの同僚はよく一緒にサッカーをします。

他的头发又黑又亮。
Tā de tóufa yòu hēi yòu liàng.

彼の髪は黒くてつやがあります。

他虽然六十多岁了，但没有白头发。
Tā suīrán liùshí duō suì le, dàn méiyǒu bái tóufa.

彼は60歳すぎですが、白髪がありません。

这座漂亮的大楼是国家图书馆。
Zhè zuò piàoliang de dàlóu shì Guójiā túshūguǎn.

この綺麗なビルは国家図書館です。

这是北京最大的儿童图书馆。
Zhè shì Běijīng zuìdà de értóng túshūguǎn.

これは北京最大の児童図書館です。

我最近腿疼，走不了太多的路。
Wǒ zuìjìn tuǐ téng, zǒubuliǎo tài duō de lù.

私は最近脚が痛いので、あまり長い道を歩けません。

孩子喜欢坐在爸爸的腿上看电视。
Háizi xǐhuan zuòzài bàba de tuǐ shang kàn diànshì.

子供は父親の膝に乗ってテレビを見るのが好きです。

Track 16

091	碗 ウアン wǎn wǎn	名お碗 量お碗などに入ったものを数える

| 092 | 文化 ウエン wén ホア huà
wénhuà | 名文化 |

| 093 | 西 シィ xī
xī | 名西
[解説]単独では"西边""西面"などの形が一般的 |

| 094 | 日習慣
习惯 シィ xí グアン guàn
xíguàn | 名習慣 動慣れる |

| 095 | 日間
洗手间 シィ xǐ シォウ shǒu チエン jiān
xǐshǒujiān | 名お手洗い、トイレ |

| 096 | 夏 シア xià
xià | 名夏
[解説]単独では"夏天 xiàtiān"が一般的 |

44

服务员，再拿两个碗来！
Fúwùyuán, zài ná liǎng ge wǎn lai!

店員さん、もう2つお碗を持って
きて！

我不小心把碗摔碎了。
Wǒ bù xiǎoxīn bǎ wǎn shuāisuì le.

私は不注意で茶碗を落として
割ってしまいました。

我对中国文化非常感兴趣。
Wǒ duì Zhōngguó wénhuà fēicháng gǎn xìngqù.

私は中国文化にとても興味があ
ります。

每个国家都有自己的文化。
Měi ge guójiā dōu yǒu zìjǐ de wénhuà.

それぞれの国には自国の文化が
あります。

一直往西走，就是 15 号楼。
Yìzhí wǎng xī zǒu, jiùshì shíwǔ hào lóu.

ずっと西に進むと、そこが15
号館です。

这里常常刮西风。
Zhèli chángcháng guā xīfēng.

ここはよく西風が吹きます。

他有早睡早起的习惯。
Tā yǒu zǎo shuì zǎo qǐ de xíguàn.

彼は早寝早起きの習慣がありま
す。

我还不习惯这里的生活。
Wǒ hái bù xíguàn zhèli de shēnghuó.

私はまだこちらの生活に慣れて
いません。

对不起，我去一下洗手间。
Duìbuqǐ, wǒ qù yíxià xǐshǒujiān.

すみません、私はお手洗いに
行ってきます。

左边是男洗手间，右边是女洗手间。
Zuǒbiān shì nán xǐshǒujiān, yòubiān shì nǚ
xǐshǒujiān.

左側は男性用トイレで、右側は
女性用トイレです。

五月初，这里的人们就都穿上了夏装。
Wǔyuèchū, zhèli de rénmen jiù dōu
chuānshàngle xiàzhuāng.

5月のはじめにはもう、ここの
人たちはみんな夏服を着ていま
す。

刚刚入夏，天气就热了起来。
Gānggāng rù xià, tiānqì jiù rèleqǐlai.

夏に入ったばかりなのに、もう
暑くなってきました。

097

香蕉

シアン チアオ
xiāng jiāo

xiāngjiāo

名 バナナ

098

日長

校长

シアオ ヂアン
xiào zhǎng

xiàozhǎng

名 校長

099

日聞

新闻

シン ウエン
xīn wén

xīnwén

名 ニュース

100

信用卡

シン イウン カァ
xìn yòng kǎ

xìnyòngkǎ

名 クレジットカード

101

行李箱

シン リ シアン
xíng li xiāng

xínglixiāng

名 スーツケース

102

熊猫

シウン マオ
xióng māo

xióngmāo

名 パンダ

指定語句

頻出語句

生活語句

名詞

这种香蕉很好吃。
Zhè zhǒng xiāngjiāo hěn hǎochī.

この種類のバナナはとても美味しいです。

我爱吃香蕉，不爱吃苹果。
Wǒ ài chī xiāngjiāo, bú ài chī píngguǒ.

私はバナナが大好きで、リンゴはあまり好きではありません。

校长出席了我们的毕业典礼。
Xiàozhǎng chūxíle wǒmen de bìyè diǎnlǐ.

校長は私たちの卒業式に出席しました。

很多中学校长也参加了这次会议。
Hěn duō zhōngxué xiàozhǎng yě cānjiāle zhè cì huìyì.

多くの中学・高校の校長もこの会議に参加しました。

他每天都要看电视新闻。
Tā měitiān dōu yào kàn diànshì xīnwén.

彼は毎日テレビのニュースを見ます。

我现在都是在网上看新闻。
Wǒ xiànzài dōu shì zài wǎngshang kàn xīnwén.

私は今、いつもネットでニュースを見ています。

你去银行办一张信用卡吧。
Nǐ qù yínháng bàn yì zhāng xìnyòngkǎ ba.

銀行に行ってクレジットカードを作ってください。

保管好你的信用卡，别弄丢了。
Bǎoguǎnhǎo nǐ de xìnyòngkǎ, bié nòngdiū le.

クレジットカードはきちんと保管してください。なくさないように。

对不起，请打开您的行李箱，好吗?
Duìbuqǐ, qǐng dǎkāi nín de xínglixiāng, hǎo ma?

すみません。スーツケースを開けてもらってもいいですか?

我的行李箱找不到了，您能帮助我吗?
Wǒ de xínglixiāng zhǎobudào le, nín néng bāngzhù wǒ ma?

私のスーツケースが見当たりません。手伝ってくれますか?

我特别爱去动物园看熊猫。
Wǒ tèbié ài qù dòngwùyuán kàn xióngmāo.

私はとりわけ動物園に行ってパンダを見るのが好きです。

熊猫是世界上最珍贵的动物之一。
Xióngmāo shì shìjiè shang zuì zhēnguì de dòngwù zhī yī.

パンダは世界で最も珍しい動物の1つです。

103	日爺 爷爷 yéye	イエ yé	イエ ye	图 (父方の) 祖父 おじいさん
104	以前 yǐqián	イィ yǐ	チエン qián	图以前
105	日楽 音乐 yīnyuè	イン yīn	ユエ yuè	图音楽
106	日銀 银行 yínháng	イン yín	ハン háng	图銀行
107	日飲 饮料 yǐnliào	イン yǐn	リアオ liào	图飲み物
108	日遊戯 游戏 yóuxì	イオウ yóu	シィ xì	图遊び、ゲーム

指定語句

頻出語句

生活語句

名詞

爷爷今年八十岁了。 Yéye jīnnián bāshí suì le.	祖父は今年で80歳になりました。
早上，很多老**爷爷**在公园里锻炼身体。 Zǎoshang, hěn duō lǎo yéye zài gōngyuán li duànliàn shēntǐ.	朝、多くのおじいさんが公園で体を鍛えています。
2009 年**以前**，我没出过国。 Èrlínglíngjiǔ nián yǐqián, wǒ méi chūguo guó.	2009年以前に私は国から出たことがありません。
他现在的汉语水平比**以前**高多了。 Tā xiànzài de Hànyǔ shuǐpíng bǐ yǐqián gāoduō le.	彼の今の中国語のレベルは以前よりずっと高くなりました。
我很喜欢中国**音乐**。 Wǒ hěn xǐhuan Zhōngguó yīnyuè.	私は中国の音楽がとても好きです。
他一边走路，一边听**音乐**。 Tā yìbiān zǒulù, yìbiān tīng yīnyuè.	彼は道を歩きながら、音楽を聴いています。
下午我要去**银行**换钱。 Xiàwǔ wǒ yào qù yínháng huànqián.	私は午後に銀行に行って両替しなければなりません。
这条街上有很多家**银行**。 Zhè tiáo jiē shang yǒu hěn duō jiā yínháng.	この通りには何軒も銀行があります。
你喝什么**饮料**？果汁、可乐还是茶？ Nǐ hē shénme yǐnliào? Guǒzhī, kělè háishi chá?	何を飲みますか？ ジュース、コーラ、それともお茶にしますか？
我喜欢喝冷**饮料**，不习惯喝热的。 Wǒ xǐhuan hē lěng yǐnliào, bù xíguàn hē rè de.	私は冷たい飲み物を飲むのが好きで、熱いのを飲むのは慣れていません。
他们玩儿起了小时候的**游戏**。 Tāmen wánrqǐle xiǎoshíhou de yóuxì.	彼らは子供の頃の遊びをし始めた。
他很喜欢上网玩儿各种**游戏**。 Tā hěn xǐhuan shàngwǎng wánr gè zhǒng yóuxì.	彼はネットで様々なゲームをするのがとても好きです。

Track **19**

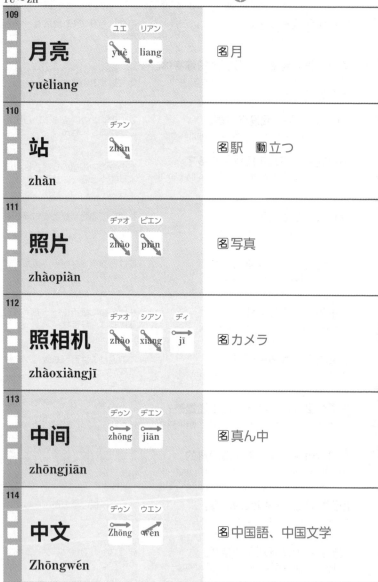

109	月亮 yuèliang	ユエ リアン yuè liang	名月
110	站 zhàn	チァン zhàn	名駅　動立つ
111	照片 zhàopiàn	チァオ ピエン zhào piàn	名写真
112	照相机 zhàoxiàngjī	チァオ シアン ヂィ zhào xiàng jī	名カメラ
113	中间 zhōngjiān	ヂゥン ヂエン zhōng jiān	名真ん中
114	中文 Zhōngwén	ヂゥン ウエン Zhōng wén	名中国語、中国文学

第2周／第4天

指定語句

頻出語句

生活語句

名詞

今晚的月亮又圆又亮。
Jīnwǎn de yuèliang yòu yuán yòu liàng.

今晩の月は丸くて明るいです。

我们现在只能看到一半的月亮。
Wǒmen xiànzài zhǐ néng kàndào yíbàn de yuèliang.

私たちは今、月が半分しか見えません。

火车马上就要出站了。
Huǒchē mǎshàng jiù yào chū zhàn le.

電車はもうすぐ駅を出ます。

车上没有座位了，我只能站着。
Chē shang méiyǒu zuòwèi le, wǒ zhǐ néng zhànzhe.

車内には席がないので、私は立っているしかありません。

你能帮我拍张照片吗?
Nǐ néng bāng wǒ pāi zhāng zhàopiàn ma?

あなたは私に写真を1枚撮ってくれますか？

这张照片是我两年前照的。
Zhè zhāng zhàopiàn shì wǒ liǎng nián qián zhào de.

この写真は私が2年前に撮ったものです。

我这台照相机用了四年了。
Wǒ zhè tái zhàoxiàngjī yòngle sì nián le.

私はこのカメラを4年使っています。

这个照相机的开关在哪儿?
Zhège zhàoxiàngjī de kāiguān zài nǎr?

このカメラのスイッチはどこですか？

他们中间有两位学过汉语。
Tāmen zhōngjiān yǒu liǎng wèi xuéguo Hànyǔ.

彼らの真ん中2名が中国語を勉強したことがあります。

广场中间摆了很多鲜花。
Guǎngchǎng zhōngjiān bǎile hěn duō xiānhuā.

広場の真ん中には多くの生花が並んでいる。

中文比较难学，不过很有意思。
Zhōngwén bǐjiào nán xué, búguò hěn yǒu yìsi.

中国語は比較的学ぶのが難しいですが、とても面白いです。

我的中文老师帮我纠正了不少发音问题。
Wǒ de Zhōngwén lǎoshī bāng wǒ jiūzhèngle bù shǎo fāyīn wèntí.

私の中国語の先生は私のために発音の問題点をたくさん直してくれました。

51

115 日週 **周末** チォウ zhōu モォ mò zhōumò		名 週末
116 日車 **自行车** ツー zì シン xíng チォ chē zìxíngchē		名 自転車
117 **嘴（儿）** ツゥイ zuǐ zuǐ(r)		名 口、容器などの口
118 **最后** ツゥイ zuì ホウ hòu zuìhòu		名 最後
119 **最近** ツゥイ zuì ヂン jìn zuìjìn		名 最近
120 日業 **作业** ツゥオ zuò イエ yè zuòyè		名 宿題、作業

指定語句

頻出語句

生活語句

名詞

每到周末，我们就聚在一起唱歌。
Měi dào zhōumò, wǒmen jiù jùzài yìqǐ chànggē.

每週末になると、私たちは一緒に集まって歌を歌います。

我上周末去了长城。
Wǒ shàng zhōumò qùle Chángchéng.

私は先週末、万里の長城に行きました。

这是一辆女式自行车。
Zhè shì yí liàng nǚshì zìxíngchē.

これは女性用の自転車です。

你的自行车锁了没有?
Nǐ de zìxíngchē suǒle méiyǒu?

あなたの自転車は鍵がかかっていますか？

张开嘴，我看看你嗓子。
Zhāngkāi zuǐ, wǒ kànkan nǐ sǎngzi.

口を開けてください。喉を見ます。

瓶子的嘴儿破了。
Píngzi de zuǐr pò le.

瓶の口が壊れました。

今天是假期的最后一天。
Jīntiān shì jiàqī de zuìhòu yì tiān.

今日は休暇の最後の1日です。

这是你最后的机会，一定要好好儿把握。
Zhè shì nǐ zuìhòu de jīhuì, yídìng yào hǎohāor bǎwò.

これはあなたの最後の機会です。絶対しっかりと掴んでください。

你最近身体好吗?
Nǐ zuìjìn shēntǐ hǎo ma?

あなたは最近体調はいいですか？

最近我忙着写书呢。
Zuìjìn wǒ mángzhe xiě shū ne.

最近、私は本を書くのに忙しいです。

这些天作业不多，孩子们很轻松。
Zhèxiē tiān zuòyè bù duō, háizimen hěn qīngsōng.

ここ数日、宿題は多くなく、子供たちはとても気楽です。

她正在认真地做家庭作业。
Tā zhèngzài rènzhēnde zuò jiātíng zuòyè.

彼女は今、まじめに宿題をしているところです。

動詞

BA ～ DA

121		
	搬 バン bān bān	動運ぶ、引っ越す

122		
	日幇 帮忙 バン マン bāng máng bāng//máng	動手伝う

123		
	变化 ビエン ホア biàn huà biànhuà	動変化する 名変化 △"变"は日本語の「変」と少し違う

124		
	参加 ツァン チア cān jiā cānjiā	動参加する

125		
	日遅 迟到 チィ ダオ chí dào chídào	動遅れる

126		
	日掃 打扫 ダァ サオ dǎ sǎo dǎsǎo	動掃除する

这个冰箱我们两个人都搬不起来。 Zhège bīngxiāng wǒmen liǎng ge rén dōu bānbuqǐlai.	この冷蔵庫は私たち2人では運べません。
我的邻居已经搬走了。 Wǒ de línjū yǐjīng bānzǒu le.	私の隣人はすでに引っ越しました。
他现在需要人帮忙，我不能离开。 Tā xiànzài xūyào rén bāngmáng, wǒ bù néng líkāi.	彼は今手伝ってくれる人が必要なので、私は離れられません。
我今天事儿多，只好请他来帮忙。 Wǒ jīntiān shìr duō, zhǐhǎo qǐng tā lái bāngmáng.	私は今日は用事が多いので、彼に手伝ってもらうしかありません。
这儿的天气变化得很快。 Zhèr de tiānqì biànhuàde hěn kuài.	ここの天気はとても早く変化する。
他还是老样子，一点儿变化也没有。 Tā háishi lǎo yàngzi, yìdiǎnr biànhuà yě méiyǒu.	彼はいまだに昔のままで、まったく変わっていません。
我们周末有个晚会，请你参加。 Wǒmen zhōumò yǒu ge wǎnhuì, qǐng nǐ cānjiā.	週末に私たちはパーティーがあるので、あなたも出席してください。
明天的比赛你能参加吗？ Míngtiān de bǐsài nǐ néng cānjiā ma?	明日の試合にあなたは出場できますか？
他工作以来，从来没迟到过。 Tā gōngzuò yǐlái, cónglái méi chídàoguo.	彼は働き始めてから、遅刻したことがありません。
对不起，我迟到了。 Duìbuqǐ, wǒ chídào le.	すみません、遅れました。
今天下午我打扫房间，洗衣服。 Jīntiān xiàwǔ wǒ dǎsǎo fángjiān, xǐ yīfu.	今日の午後私は部屋を掃除して、服を洗濯します。
这里的卫生间打扫得很干净。 Zhèli de wèishēngjiān dǎsǎode hěn gānjìng.	ここのトイレはとてもきれいに掃除されています。

指定語句

頻出語句

生活語句

動詞

55

127			
□□□	**打算** dǎsuàn	ダァ スアン dǎ suàn	動～する予定だ 名予定、計画

128			
□□□	**带** dài	ダイ dài	動持っていく (くる)

129			
□□□	**担心** dān//xīn	ダン シン dān xīn	動心配する

130			
□□□	日鍛 **锻炼** duànliàn	ドゥアン リエン duàn liàn	動 (体を) 鍛える

131			
□□□	日発 **发** fā	ファ fā	動発する

132			
□□□	日焼 **发烧** fā//shāo	ファ シアオ fā shāo	動熱を出す

指定語句

頻出語句

生活語句

動詞

他打算去美国上大学。
Tā dǎsuàn qù Měiguó shàng dàxué.

彼はアメリカへ行って大学に進学する予定です。

毕业后，你有什么打算?
Bìyè hòu, nǐ yǒu shénme dǎsuàn?

卒業した後は、あなたはどうする予定ですか?

要下雨了，你别忘了带雨伞。
Yào xià yǔ le, nǐ bié wàngle dài yǔsǎn.

雨が降りそうなので、傘を持っていくのを忘れないでください。

你记着把护照带上。
Nǐ jìzhe bǎ hùzhào dàishang.

パスポートを持っていくのを覚えておいてください。

天气不好，我担心会下雨。
Tiānqì bù hǎo, wǒ dānxīn huì xià yǔ.

天気が悪く、雨が降るのではないかと心配しています。

别担心，我们都会帮助你的。
Bié dānxīn, wǒmen dōu huì bāngzhù nǐ de.

心配しないで、私たちはあなたを手助けします。

他每天都锻炼。
Tā měitiān dōu duànliàn.

彼は毎日トレーニングをしています。

工作再忙，也要找时间锻炼锻炼。
Gōngzuò zài máng, yě yào zhǎo shíjiān duànliànduanlian.

仕事がどんなに忙しくても、時間を見つけて体を鍛えなければなりません。

我们公司每月 5 号发工资。
Wǒmen gōngsī měiyuè wǔ hào fā gōngzī.

私たちの会社は毎月5日に給料が支払われます。

我发不好这个音。
Wǒ fābuhǎo zhège yīn.

私はこの音を発音するのが上手くありません。

你发烧了，快去医院吧。
Nǐ fāshāo le, kuài qù yīyuàn ba.

あなたは熱があるので、早く病院に行ってください。

他发了两天烧，今天才好一点儿。
Tā fāle liǎng tiān shāo, jīntiān cái hǎo yìdiǎnr.

彼は2日間熱があり、今日やっと少しよくなりました。

133		
回现 **发现** ファ シエン fā xiàn fāxiàn		動発見する、見つける 名発見

134		
放 ファン fàng fàng		動放す、置く、入れる

135		
放心 ファン シン fàng xīn fàng//xīn		動安心する

136		
分 フェン fēn fēn		動分ける、区別する 名(時間の)分

137		
回复 **复习** フゥ シィ fù xí fùxí		動復習する

138		
感冒 ガン マオ gǎn mào gǎnmào		動風邪をひく

一百年前，人们发现了这个小岛。
Yìbǎi nián qián, rénmen fāxiànle zhège xiǎo dǎo.

百年前、人々はこの小島を発見しました。

他是名科学家，在科学研究上有很多发现。
Tā shì míng kēxuéjiā, zài kēxué yánjiū shang yǒu hěn duō fāxiàn.

彼は科学者で、科学研究で多くの発見をしています。

他把那只小鸟放了。
Tā bǎ nà zhī xiǎo niǎo fàng le.

彼はあの小鳥を放しました。

你的咖啡要不要放糖?
Nǐ de kāfēi yào bu yào fàng táng?

あなたのコーヒーには砂糖を入れますか？

你们放心吧，这里非常安全。
Nǐmen fàngxīn ba, zhèlǐ fēicháng ānquán.

安心してください、ここはとても安全です。

看着他上车了，我才放心。
Kànzhe tā shàng chē le, wǒ cái fàngxīn.

彼が車に乗るのを見て、私はやっと安心しました。

我们分两个班上课。
Wǒmen fēn liǎng ge bān shàngkè.

私たちは2つのクラスに分かれて授業を受けます。

你怎么才来? 我带来的巧克力都分光了。
Nǐ zěnme cái lái? Wǒ dàilai de qiǎokèlì dōu fēnguāng le.

あなたはどうしてようやく来たのですか？　私が持ってきたチョコレートはみんな分けてしまいましたよ。

我下午在家复习汉语。
Wǒ xiàwǔ zài jiā fùxí Hànyǔ.

私は午後、家で中国語を復習します。

这篇课文我已经复习过两遍了。
Zhè piān kèwén wǒ yǐjīng fùxíguo liǎng biàn le.

この教科書の本文を私はすでに2回復習しました。

我感冒了，头疼、发烧。
Wǒ gǎnmào le, tóuténg, fāshāo.

私は風邪をひいてしまい、頭が痛くて熱もあります。

你穿得太少了，小心感冒。
Nǐ chuānde tài shǎo le, xiǎoxīn gǎnmào.

あなたは薄着すぎるので、風邪をひかないよう注意してください。

指定語句

頻出語句

生活語句

動詞

59

139		
跟 gēn	ゲン gēn	動ついて行く 介～と　接～と

140		
日風 刮风 guā//fēng	グア フォン guā fēng	動風が吹く

141		
日関 关 guān	グアン guān	動閉める、止める （スイッチを）切る

142		
关心 guān//xīn	グアン シン guān xīn	動関心を持つ

143		
日過 过 guò	グオ guò	動通る、祝う、過ごす

144		
过去 guò//qu	グオ チュ guò qu	動+方補 過ぎる、通り過ぎる 関 过去 guòqù 過去

指定語句

頻出語句

生活語句

動詞

老师在前面走，学生们跟在后面。
Lǎoshī zài qiánmiàn zǒu, xuéshengmen gēn zài hòumiàn.

先生が前を歩き、学生たちは後ろをついて行きます。

这里的气候跟我的家乡差不多。
Zhèli de qìhòu gēn wǒ de jiāxiāng chàbuduō.

ここの気候は私のふるさとと変わりません。

北京的春天常常刮风。
Běijīng de chūntiān chángcháng guā fēng.

北京の春はいつも風が吹きます。

天气预报说，明天会刮大风。
Tiānqì yùbào shuō, míngtiān huì guā dàfēng.

天気予報では、明日は強風が吹くだろうと言っていました。

下雨了，我去关一下窗户。
Xià yǔ le, wǒ qù guān yíxià chuānghu.

雨が降ってきたので、窓を閉めに行ってきます。

我睡觉前忘了关电脑。
Wǒ shuìjiào qián wàngle guān diànnǎo.

私は寝る前にパソコンの電源を切るのを忘れました。

学校对学生们的生活非常关心。
Xuéxiào duì xuéshengmen de shēnghuó fēicháng guānxīn.

学校は学生たちの生活に非常に関心を持っています。

健康是每个人都很关心的问题。
Jiànkāng shì měi ge rén dōu hěn guānxīn de wèntí.

健康は誰もが関心を持つ問題です。

欢迎你们在方便的时候再过来看看。
Huānyíng nǐmen zài fāngbiàn de shíhou zài guòlai kànkan.

あなたたちの都合のよいときにまた来ていただければ、歓迎します。

她过生日时，我送了她一件礼物。
Tā guò shēngrì shí, wǒ sòngle tā yí jiàn lǐwù.

彼女の誕生日を祝ったとき、私はプレゼントを贈りました。

10 路公共汽车刚过去。
Shí lù gōnggòng qìchē gāng guòqu.

10番ルートのバスはさっき通り過ぎました。

过去她在银行工作。
Guòqù tā zài yínháng gōngzuò.

前に彼女は銀行で働いていました。

145			
	害怕	ハイ hài / パァ pà	動恐れる、怖がる
	hài//pà		

146			
	花	ホア huā	動使う、費やす
	huā		関 花(儿) huā(r) 花

147			
	画	ホア huà	動描く 量漢字の画数を数える
	huà		関 画儿 huàr 絵

148			
	日歓 欢迎	ホアン huān / イン yíng	動歓迎する
	huānyíng		

149			
	日還 还	ホアン huán	動返す
	huán		

150			
	换	ホアン huàn	動交換する、両替する 乗り換える
	huàn		

指定語句 頻出語句 生活語句 動詞

我害怕考试，一考试就紧张。
Wǒ hàipà kǎoshì, yì kǎoshì jiù jǐnzhāng.

私はテストが怖くて、テストになると緊張してしまいます。

你不用害怕，我们会跟你在一起。
Nǐ búyòng hàipà, wǒmen huì gēn nǐ zài yìqǐ.

恐がる必要はありません、私たちがあなたといっしょにいます。

今天我买书花了五百多块钱。
Jīntiān wǒ mǎi shū huāle wǔbǎi duō kuài qián.

今日私は本を買うのに500元余り払いました。

这个月我花得太多了。
Zhège yuè wǒ huāde tài duō le.

今月私はお金を使いすぎました。

他画什么都画得很像。
Tā huà shénme dōu huàde hěn xiàng.

彼は何を描いてもそっくりです。

这张画儿真漂亮！
Zhè zhāng huàr zhēn piàoliang!

この絵は本当に美しいです！

欢迎你们来到北京。
Huānyíng nǐmen láidào Běijīng.

あなたたちが北京に来たのを歓迎します。

现在欢迎玛丽给大家唱歌。
Xiànzài huānyíng Mǎlì gěi dàjiā chànggē.

今、メアリーがみんなのために歌を歌うのを歓迎しましょう。

图书馆的书我都还了。
Túshūguǎn de shū wǒ dōu huán le.

図書館の本は私はすべて返しました。

那支笔不用还了，你留着用吧。
Nà zhī bǐ búyòng huán le, nǐ liúzhe yòng ba.

そのペンは返す必要はありません、とっておいて使ってください。

咱俩换换可以吗？我喝这杯小的。
Zán liǎ huànhuan kěyǐ ma? Wǒ hē zhè bēi xiǎo de.

私たち2人で交換しませんか？私はこの小さいカップのほうを飲みます。

我想用美元换点儿人民币。
Wǒ xiǎng yòng Měiyuán huàn diǎnr Rénmínbì.

私はアメリカドルを人民元に両替したいです。

151			
回答 huídá	ホイ huí	ダァ dá	動 回答する　名 回答

152			
记得 jìde	ヂィ jì	ダ de	動 覚えている 【解説】"**记得**" の否定は方言で "**记不得**" ともいう

153			
日検 **检查** jiǎnchá	チエン jiǎn	チァ chá	動 検査する、点検する

154			
日見 **见面** jiàn//miàn	チエン jiàn	ミエン miàn	動 会う

155			
日講 **讲** jiǎng	ヂアン jiǎng		動 話す、説明する

156			
教 jiāo	ヂアオ jiāo		動 教える

谁能回答这个问题?
Shéi néng huídá zhège wèntí?

誰がこの問題に答えられますか？

她的回答我很满意。
Tā de huídá wǒ hěn mǎnyì.

彼女の回答に私はとても満足しています。

小时候的事他都记得。
Xiǎoshíhou de shì tā dōu jìde.

小さい頃のことを彼はみな覚えています。

那件事他记得清清楚楚。
Nà jiàn shì tā jìde qīngqīngchǔchǔ.

あのことを彼ははっきり覚えています。

你做完作业以后，要再检查一遍。
Nǐ zuòwán zuòyè yǐhòu, yào zài jiǎnchá yí biàn.

あなたは宿題を終えた後、もう一度点検しなければなりません。

我昨天去医院检查了身体。
Wǒ zuótiān qù yīyuàn jiǎnchále shēntǐ.

私は昨日病院に行って身体の検査をしました。

我们明天上午九点见面。
Wǒmen míngtiān shàngwǔ jiǔ diǎn jiànmiàn.

私たちは明日午前9時に会います。

我们只见过一面，并不熟悉。
Wǒmen zhǐ jiànguo yí miàn, bìng bù shúxī.

私たちは一度会っただけで、決してよく知っているわけではありません。

她英语讲得很好。
Tā Yīngyǔ jiǎngde hěn hǎo.

彼女は英語を話すのがとても上手です。

你能给我讲讲这个词语的用法吗?
Nǐ néng gěi wǒ jiǎngjiang zhège cíyǔ de yòngfǎ ma?

私にこの語の用法を説明してくれますか？

我哥哥在大学教英语。
Wǒ gēge zài dàxué jiāo Yīngyǔ.

私の兄は大学で英語を教えています。

你再教我一遍，可以吗?
Nǐ zài jiāo wǒ yí biàn, kěyǐ ma?

もう一度私に教えてくれませんか？

指定語句 頻出語句 生活語句 動詞

157			
	接 jiē	デエ jiē	動受け取る、迎える 受ける

158			
	日結 结婚 jié//hūn	デエ jié　フン hūn	動結婚する

159			
	结束 jiéshù	デエ jié　シュウ shù	動終わる

160			
	解决 jiějué	デエ jiě　デュエ jué	動解決する　名解決

161			
	借 jiè	デエ jiè	動借りる、貸す

162			
	经过 jīngguò	デン jīng　グオ guò	動通る　名いきさつ 介～を経て

第3周 / 第2天

他接过礼物后，说了好几声"谢谢"。
Tā jiēguo lǐwù hòu, shuōle hǎojǐ shēng "xièxie".

彼はプレゼントを受け取った後、「ありがとう」と何度も言いました。

下午我要去机场接一个朋友。
Xiàwǔ wǒ yào qù jīchǎng jiē yí ge péngyou.

午後、私は空港に友達を迎えに行かなくてはいけません。

他下个月结婚，现在正准备呢。
Tā xià ge yuè jiéhūn, xiànzài zhèng zhǔnbèi ne.

彼は来月結婚するので、今準備をしているのですよ。

我想送给他们一份结婚礼物。
Wǒ xiǎng sònggěi tāmen yí fèn jiéhūn lǐwù.

私は彼らに結婚祝いを贈りたいです。

比赛结束了，我们赢了。
Bǐsài jiéshù le, wǒmen yíng le.

試合は終わりました。私たちが勝ちました。

会议已经结束一小时了，你怎么才来?
Huìyì yǐjīng jiéshù yì xiǎoshí le, nǐ zěnme cái lái?

会議が終わってもう1時間経ちました。あなたはなぜ今になって来たのですか？

老师帮助我解决了很多问题。
Lǎoshī bāngzhù wǒ jiějuéle hěn duō wèntí.

先生は私が多くの問題を解決するのを手伝ってくれました。

你放心吧，没有解决不了的困难。
Nǐ fàngxīn ba, méiyǒu jiějuébuliǎo de kùnnan.

安心してください。解決できない困難はありません。

我的那本书被他借走了。
Wǒ de nà běn shū bèi tā jièzǒu le.

私のあの本は彼に借りていかれました。

我能不能借一下你的自行车?
Wǒ néng bu néng jiè yíxià nǐ de zìxíngchē?

あなたの自転車をちょっと貸してくれませんか？

我来公司的路上，要经过一个花园。
Wǒ lái gōngsī de lùshang, yào jīngguò yí ge huāyuán.

私は会社に来る途中、庭園を通ります。

我了解这件事情的经过。
Wǒ liǎojiě zhè jiàn shìqing de jīngguò.

私はこの事のいきさつを知っています。

指定語句

頻出語句

生活語句

動詞

163	決定 juédìng	デュエ juè ディン dìng	動決める　名決定
164	哭 kū	クゥ kū	動泣く
165	日離開 离开 lí//kāi	リィ lí カイ kāi	動離れる
166	日練 练习 liànxí	リエン liàn シィ xí	動練習する　名練習
167	聊天(儿) liáo//tiān(r)	リアオ liáo ティエン tiān	動おしゃべりをする
168	了解 liǎojiě	リアオ liǎo デエ jiě	動理解する ⚠日本語の「了解」の意味では使えない

他**决定**假期去英国旅游。 Tā juédìng jiàqī qù Yīngguó lǚyóu.	彼は休みにイギリス旅行に行くことを決めました。
这次会议做出了一个重要**决定**。 Zhè cì huìyì zuòchūle yí ge zhòngyào juédìng.	今回の会議では重要な決定をしました。
她为什么**哭**了？ Tā wèishénme kū le?	彼女はなぜ泣いているのですか？
他难过得**哭**了起来。 Tā nánguòde kūleqǐlai.	彼は苦しくて泣き出しました。
他早上七点就**离开**家了。 Tā zǎoshang qī diǎn jiù líkāi jiā le.	彼は午前 7 時にもう家を出ました。
我不想**离开**中国。 Wǒ bù xiǎng líkāi Zhōngguó.	私は中国を離れたくありません。
学生们正在**练习**写汉字。 Xuéshengmen zhèngzài liànxí xiě Hànzì.	学生たちは今、漢字を書く練習をしています。
这个**练习**一点儿也不难。 Zhège liànxí yìdiǎnr yě bù nán.	この練習は少しも難しくありません。
我们一边**聊天儿**，一边喝茶。 Wǒmen yìbiān liáotiānr, yìbiān hē chá.	私たちは話しながら、お茶を飲んでいます。
我刚才跟邻居**聊**了一会儿**天儿**。 Wǒ gāngcái gēn línjū liáole yíhuìr tiānr.	私は先ほどご近所さんとしばらく話しました。
我们是多年的朋友，我很**了解**他。 Wǒmen shì duō nián de péngyou, wǒ hěn liǎojiě tā.	私たちは長年の友達なので、私は彼をよくわかっています。
你**了解**这件事情的经过吗？ Nǐ liǎojiě zhè jiàn shìqing de jīngguò ma?	あなたはこのことの経緯を知っていますか？

指定語句

頻出語句

生活語句

動詞

169	留学 liú//xué	リウ liú　シュエ xué	動留学する
170	明白 míngbai	ミン míng　バイ bai	動分かる　形明らかだ
171	拿 ná	ナァ ná	動持つ
172	日騎 骑 qí	チィ qí	動（またがって）乗る
173	日飛 起飞 qǐfēi	チィ　フェイ qǐ　fēi	動離陸する
174	起来 qǐ//lai	チィ　ライ qǐ　lai	動+方補 起き上がる 〜しはじめる

指定語句

頻出語句

生活語句

動詞

我毕业以后，想去英国留学。
Wǒ bìyè yǐhòu, xiǎng qù Yīngguó liúxué.

私は卒業した後、英国に留学したいです。

留学的经历是他这一生都难忘的。
Liúxué de jīnglì shì tā zhè yìshēng dōu nánwàng de.

留学の経験は彼にとって生涯忘れられないものです。

这篇课文我完全明白了。
Zhè piān kèwén wǒ wánquán míngbai le.

この教科書の本文を私は完璧に理解しました。

他是个明白人，你用不着多说。
Tā shì ge míngbai rén, nǐ yòngbuzháo duō shuō.

彼は物わかりの良い人ですから、たくさん説明する必要はありません。

姐姐手里拿着一本书。
Jiějie shǒu li názhe yì běn shū.

姉の手には1冊の本が握られています。

东西太多了，你一个人拿不了。
Dōngxi tài duō le, nǐ yí ge rén nábuliǎo.

物が多すぎます。あなた1人では持ちきれません。

他每天骑自行车上班。
Tā měitiān qí zìxíngchē shàngbān.

彼は毎日自転車に乗って通勤しています。

孩子喜欢骑在爸爸身上玩儿。
Háizi xǐhuan qízài bàba shēn shang wánr.

子供は父親の上に乗って遊ぶのが好きです。

我们的飞机什么时候起飞?
Wǒmen de fēijī shénme shíhòu qǐfēi?

私たちの飛行機はいつ離陸しますか？

由于天气原因，飞机暂时不能起飞。
Yóuyú tiānqì yuányīn, fēijī zànshí bù néng qǐfēi.

天気が原因で、飛行機はしばらく離陸できません。

他躺在床上，不愿意起来。
Tā tǎngzài chuáng shang, bú yuànyì qǐlai.

彼はベッドに横たわり、起き上がろうとしません。

天气渐渐暖和起来了。
Tiānqì jiànjiàn nuǎnhuoqǐlai le.

天気がだんだん暖かくなってきました。

175

日請

チン　ヂア

请假　qǐng　jià

qǐng//jià

動 休みをもらう

176

日認為

レン　ウエイ

认为　rèn　wéi

rènwéi

動 思う、認める

177

日網

シアン　ウアン

上网　shàng　wǎng

shàng//wǎng

動 ネットに接続する

178

日気

シォン　チィ

生气　shēng　qì

shēng//qì

動 怒る

179

日試

シィ

试　shì

shì

動 試す、試着する

180

テイ　ガオ

提高　tí　gāo

tí//gāo

動 上げる、上がる

⇔ **降低 jiàngdī** 下げる、下がる

她今天请假带孩子去医院了。
Tā jīntiān qǐngjià dài háizi qù yīyuàn le.

彼女は今日休暇をもらい子供を連れて病院に行きました。

最近单位工作很忙，我请不了假。
Zuìjìn dānwèi gōngzuò hěn máng, wǒ qǐngbuliǎo jià.

最近職場の仕事がとても忙しく、休みが取れません。

我认为他说得很对。
Wǒ rènwéi tā shuōde hěn duì.

私は彼の言うことは正しいと思います。

你认为会有人支持你吗?
Nǐ rènwéi huì yǒu rén zhīchí nǐ ma?

あなたを支持してくれる人がいると思いますか？

晚上我一般不看电视，我上网。
Wǎnshang wǒ yìbān bú kàn diànshì, wǒ shàngwǎng.

夜、私は普段テレビを見ずに、ネットをします。

我的手机可以上网。
Wǒ de shǒujī kěyǐ shàngwǎng.

私の携帯はネットができます。

我只是开玩笑，没想到他生气了。
Wǒ zhǐshì kāi wánxiào, méi xiǎngdào tā shēngqì le.

私は冗談を言っただけで、彼が怒るとは思いませんでした。

这件事我告诉你，你可不许生气。
Zhè jiàn shì wǒ gàosu nǐ, nǐ kě bùxǔ shēngqì.

このことをあなたに言うけど、絶対怒らないでね。

我什么方法都试过了，还是不管用。
Wǒ shénme fāngfǎ dōu shìguo le, háishi bùguǎn yòng.

あらゆる方法を試しましたが、効果はありませんでした。

你可以到那边试衣服。
Nǐ kěyǐ dào nàbiān shì yīfu.

あちらで服を試着することができます。

我想提高我的数学成绩。
Wǒ xiǎng tígāo wǒ de shùxué chéngjì.

私は数学の成績を上げたいです。

这些年，他们的生活水平在不断提高。
Zhèxiē nián, tāmen de shēnghuó shuǐpíng zài búduàn tígāo.

ここ数年、彼らの生活水準は絶えず上がっています。

指定語句

頻出語句

生活語句

動詞

181	トゥン tóng / イィ yì	同意する、賛成する 承認する
同意 tóngyì		

182	ウアン wán / チォン chéng	完成する、完成させる
完成 wán//chéng		

183	ウアン wàng / ディ jì	忘れる
忘记 wàngjì		

184	シィ xǐ / ツァオ zǎo	お風呂に入る
洗澡 xǐ//zǎo		

185	シアン xiāng / シン xìn	信じる
相信 xiāngxìn		

186	シアン xiàng	～に似ている、例えば～のようだ 肖像
像 xiàng		

指定語句

頻出語句

生活語句

動詞

我同意你的看法。 Wǒ tóngyì nǐ de kànfǎ.	私はあなたの意見に賛成します。
这个要求领导会同意吗? Zhège yāoqiú lǐngdǎo huì tóngyì ma?	この要求に指導者は同意するでしょうか?
我们已经提前完成了今年的工作计划。 Wǒmen yǐjīng tíqián wánchéngle jīnnián de gōngzuò jìhuà.	私たちは事前に今年の仕事の計画を完成させました。
这么多的工作你们完得成完不成? Zhème duō de gōngzuò nǐmen wándechéng wánbuchéng?	こんなに多くの仕事をあなたたちは終わらせることができますか?
十几年不联系,我已经忘记她的名字了。 Shí jǐ nián bù liánxì, wǒ yǐjīng wàngjì tā de míngzi le.	十数年連絡していないので、私は彼女の名前をすでに忘れました。
我们永远不会忘记你。 Wǒmen yǒngyuǎn bú huì wàngjì nǐ.	私たちは永遠にあなたを忘れないでしょう。
我刚才在洗澡,没听到来电话。 Wǒ gāngcái zài xǐzǎo, méi tīngdào lái diànhuà.	私は先ほどお風呂に入っていて、電話の音が聞こえませんでした。
我一天不洗澡就很难受。 Wǒ yì tiān bù xǐzǎo jiù hěn nánshòu.	私は一日お風呂に入らないと気持ちが悪いです。
我相信她说的话是真的。 Wǒ xiāngxìn tā shuō de huà shì zhēn de.	私は彼女の言うことは本当だと信じます。
我相信你们会学好汉语的。 Wǒ xiāngxìn nǐmen huì xuéhǎo Hànyǔ de.	私はあなたたちが中国語をマスターできると信じています。
他的鼻子像爸爸,眼睛像妈妈。 Tā de bízi xiàng bàba, yǎnjing xiàng māma.	彼の鼻は父親に似ており、目は母親に似ています。
他学老师说话,学得可像了。 Tā xué lǎoshī shuōhuà, xuéde kě xiàng le.	彼は先生の話し方をまねると、本当にそっくりです。

187		シアオ シン	
	小心	xiǎo xīn	動 気を付ける 形 用心深い
	xiǎoxīn		

188		シュ イアオ	
	需要	xū yào	動 必要である　名 需要
	xūyào		

189	日 選択	シュエン ツォ	
	选择	xuǎn zé	動 選択する　名 選択
	xuǎnzé		

190		イアオ チウ	
	要求	yāo qiú	動 求める、要望する 名 要求
	yāoqiú		【解説】"**要求**" の語調は日本語の「要求」ほど強くない

191	日 響	イン シアン	
	影响	yǐng xiǎng	動 影響する　名 影響
	yǐngxiǎng		

192		イゥン	
	用	yòng	動 使う
	yòng		

指定語句

頻出語句

生活語句

動詞

这是开水，小心别烫着你。
Zhè shì kāishuǐ, xiǎoxīn bié tàngzhe nǐ.

これはお湯です。やけどをしないように注意してください。

我每次过马路都特别小心。
Wǒ měicì guò mǎlù dōu tèbié xiǎoxīn.

私は毎回道を渡るときはいつも特に注意しています。

你需要什么就告诉我。
Nǐ xūyào shénme jiù gàosu wǒ.

何か必要なら私に言ってください。

我们生产什么，主要看市场的需要。
Wǒmen shēngchǎn shénme, zhǔyào kàn shìchǎng de xūyào.

私たちが何を生産するかは、主に市場の需要を見ます。

他选择了一份自己喜欢的工作。
Tā xuǎnzéle yí fèn zìjǐ xǐhuan de gōngzuò.

彼は自分の好きな仕事を選びました。

事实证明，我的选择是对的。
Shìshí zhèngmíng, wǒ de xuǎnzé shì duì de.

私の選択が正しいことを事実が証明しています。

我要求参加学校的足球队。
Wǒ yāoqiú cānjiā xuéxiào de zúqiúduì.

私は学校のサッカー部に参加できるよう要望します。

这是合理的要求，应该得到满足。
Zhè shì hélǐ de yāoqiú, yīnggāi dédào mǎnzú.

これは合理的な要求で、認められるべきです。

抽烟会影响健康。
Chōuyān huì yǐngxiǎng jiànkāng.

喫煙は健康に影響するでしょう。

我学汉语是受了哥哥的影响。
Wǒ xué Hànyǔ shì shòule gēge de yǐngxiǎng.

私が中国語を勉強するのは兄の影響です。

你用我的词典吧，我现在不用。
Nǐ yòng wǒ de cídiǎn ba, wǒ xiànzài bú yòng.

私の辞書を使ってください。私は今使いませんから。

我们每次都是用电话联系，很少写信。
Wǒmen měicì dōu shì yòng diànhuà liánxì, hěn shǎo xiě xìn.

私たちは毎回電話で連絡していて、手紙を書くことは少ないです。

動詞・形容詞

Track 33

193		
长 zhǎng	ヂァン zhǎng	動成長する、伸ばす 関 长 cháng 長い

194		
日顧 **照顾** zhàogù	ヂァオ グゥ zhào gù	動世話をする

195		
注意 zhù//yì	ヂゥ イィ zhù yì	動気を付ける

196		
矮 ǎi	アイ ǎi	形（背が）低い ⇔ 高 gāo 高い

197		
安静 ānjìng	アン ヂン ān jìng	形静かな

198		
日飽 **饱** bǎo	バオ bǎo	形満腹な、満足な

孩子的身高在一天一天地长。
Háizi de shēngāo zài yì tiān yì tiān de zhǎng.

子供の身長は1日1日伸びます。

学生就该多学知识，多长本领。
Xuésheng jiù gāi duō xué zhīshi, duō zhǎng běnlǐng.

学生は知識を多く学び、才能を伸ばすべきです。

她没有工作，只在家照顾孩子。
Tā méiyǒu gōngzuò, zhǐ zài jiā zhàogù háizi.

彼女は仕事がなく、家で子供の世話だけをしています。

我们学校很照顾留学生的生活。
Wǒmen xuéxiào hěn zhàogù liúxuéshēng de shēnghuó.

私たちの学校は留学生の生活の面倒をとてもよく見ます。

您不要太累，要注意自己的身体。
Nín búyào tài lèi, yào zhùyì zìjǐ de shēntǐ.

あまりお疲れになりませんように、ご自身の身体にお気を付けください。

你工作中还有很多需要注意的地方。
Nǐ gōngzuò zhōng hái yǒu hěn duō xūyào zhùyì de dìfang.

あなたの仕事には気を付けないといけない場所が多くあります。

我比我哥哥矮二十厘米。
Wǒ bǐ wǒ gēge ǎi èrshí límǐ.

私は兄より20センチ背が低いです。

我们家的人都比较矮。
Wǒmen jiā de rén dōu bǐjiào ǎi.

私の家の人はみんな比較的背が低いです。

我喜欢图书馆里安静的环境。
Wǒ xǐhuan túshūguǎn li ānjìng de huánjìng.

私は図書館の静かな環境が好きです。

现在请大家安静！
Xiànzài qǐng dàjiā ānjìng!

みなさん静かにしてください！

中午我没吃饱，现在饿着呢。
Zhōngwǔ wǒ méi chībǎo, xiànzài èzhene.

昼に十分食べなかったので、今はお腹がすいています。

我饱了，吃不下了。
Wǒ bǎole, chībuxià le.

私はもう満腹で、食べられません。

指定語句

頻出語句

生活語句

動詞・形容詞

79

199			
	差 chà	チア chà	形劣っている、悪い 動足りない

200			
日聡	聡明 cōngmíng	ツゥン ミン cōng míng	形賢い、聡明である

201			
	短 duǎn	ドゥアン duǎn	形短い

202			
日餓	饿 è	オ è	形お腹がすいている 動お腹がすく

203			
	方便 fāngbiàn	ファン ビエン fāng biàn	形便利だ、都合がよい

204			
	干净 gānjìng	ガン デン gān jìng	形きれいな、清潔な きれいさっぱり

第3周 / 第5天

以前我的英语很差，现在好多了。
Yǐqián wǒ de Yīngyǔ hěn chà, xiànzài hǎoduō le.

以前は私の英語はうまくありませんでしたが、今はずっとうまくなりました。

现在的时间是差一刻八点。
Xiànzài de shíjiān shì chà yí kè bā diǎn.

現在の時間は7時45分（8時まであと15分）です。

这孩子很聪明，学什么都很快。
Zhè háizi hěn cōngmíng, xué shénme dōu hěn kuài.

この子はとても賢く、何を学ぶのも早いです。

我没见过像他这么聪明的人。
Wǒ méi jiànguo xiàng tā zhème cōngmíng de rén.

私は彼のような賢い人に会ったことがありませんでした。

我们的教材第三课很短，生词也不多。
Wǒmen de jiàocái dì sān kè hěn duǎn, shēngcí yě bù duō.

私たちの教材の第3課は短く、新出単語も多くありません。

火车在这儿只停留很短的时间。
Huǒchē zài zhèr zhǐ tíngliú hěn duǎn de shíjiān.

電車はここに短い時間しか停車しません。

我饿了，我们去吃饭吧。
Wǒ è le, wǒmen qù chī fàn ba.

お腹がすいたので、私たちはご飯を食べに行きましょう。

饿得一点儿力气也没有了。
Ède yìdiǎnr lìqi yě méiyǒu le.

お腹がすいて少しも力が出ません。

我觉得骑自行车比坐公共汽车更方便。
Wǒ juéde qí zìxíngchē bǐ zuò gōnggòng qìchē gèng fāngbiàn.

私は自転車に乗るのがバスに乗るより便利だと思っています。

这里生活方便得很，你就放心吧。
Zhèlǐ shēnghuó fāngbiànde hěn, nǐ jiù fàngxīn ba.

ここでの生活の都合がとてもよいので、安心してください。

他把房间打扫得非常干净。
Tā bǎ fángjiān dǎsǎode fēicháng gānjìng.

彼は部屋をとてもきれいに掃除しています。

我的钱花得很干净，一分也没了。
Wǒ de qián huāde hěn gānjìng, yì fēn yě méi le.

私はお金をきれいさっぱり使ってしまい、1分もありません。

指定語句

頻出語句

生活語句

形容詞

Track 35

205			
	日壊	ファイ	
	坏	huài	形 悪い、だめになる
	huài		

206			
	日簡	チエン ダン	
	简单	jiǎn dān	形 簡単だ
	jiǎndān		

207			
		チエン カン	
	健康	jiàn kāng	形 健康である 名 健康
	jiànkāng		

208			
		ヂウ	
	久	jiǔ	形 (時間が)長い
	jiǔ		

209			
		ヂウ	
	旧	jiù	形 古い
	jiù		

210			
		コォ	
	渴	kě	形 喉が渇く
	kě		

指定語句

頻出語句

生活語句

形容詞

你这个坏习惯该改一改了。
Nǐ zhège huài xíguàn gāi gǎi yi gǎi le.

あなたのこの悪い習慣は改めなきゃ。

这个苹果坏了，不能吃了。
Zhège píngguǒ huài le, bù néng chī le.

このリンゴは傷んでしまったので、食べられません。

我们先学习简单的，以后再学习难的。
Wǒmen xiān xuéxí jiǎndān de, yǐhòu zài xuéxí nán de.

私たちはまず簡単なものを勉強し、それから難しいものを勉強します。

我简单说说这件事情的经过。
Wǒ jiǎndān shuōshuo zhè jiàn shìqing de jīngguò.

このことの経緯を簡単に話します。

他每天锻炼，身体很健康。
Tā měitiān duànliàn, shēntǐ hěn jiànkāng.

彼は毎日体を鍛えているので、とても健康です。

为大家的健康干杯!
Wèi dàjiā de jiànkāng gānbēi!

皆さんの健康に乾杯！

我等了很久他才来。
Wǒ děngle hěn jiǔ tā cái lái.

しばらく待って、やっと彼が来ました。

牛奶放得太久容易坏。
Niúnǎi fàngde tài jiǔ róngyì huài.

牛乳はしばらく放置するとすぐにダメになります。

这件衣服太旧了，别穿了。
Zhè jiàn yīfu tài jiù le, bié chuān le.

この服はあまりに古いので、着るのをやめた方がいいです。

那个电话号码是旧的，我已经不用了。
Nàge diànhuà hàomǎ shì jiù de, wǒ yǐjīng bú yòng le.

あの電話番号は古いものです。私はもう使っていません。

我一天没喝水了，渴死了。
Wǒ yì tiān méi hē shuǐ le, kěsǐ le.

私は一日水を飲んでいません。喉が渇いて死にそうです。

你渴的时候为什么吃苹果?
Nǐ kě de shíhou wèishénme chī píngguǒ?

あなたは喉が渇いたとき、なぜリンゴを食べるのですか。

211

可爱
コォ アイ
kě ài
kě'ài

形 かわいい

212

日藍
蓝
ラン
lán
lán

形 青い

213

老
ラオ
lǎo
lǎo

形 年を取っている
名 ～さん　副 いつも

解説 年上の敬称として1字の姓
の前につける

214

日緑
绿
リュ
lǜ
lǜ

形 緑色の、青い

215

日満
满意
マン イィ
mǎn yì
mǎnyì

形 満足する

216

日難
难
ナン
nán
nán

形 難しい、～しにくい

84

这孩子真可爱。
Zhè háizi zhēn kě'ài.

この子は本当にかわいいです。

这只小狗很可爱，谁都喜欢。
Zhè zhī xiǎo gǒu hěn kě'ài, shéi dōu xǐhuan.

この子犬はとてもかわいいので、誰もが好きです。

今天是晴天，天很蓝。
Jīntiān shì qíngtiān, tiān hěn lán.

今日は晴れていて、空は真っ青です。

那个蓝颜色的电脑是我的。
Nàge lán yánsè de diànnǎo shì wǒ de.

あの青色のパソコンは私のです。

我爷爷很老了，今年都八十七岁了。
Wǒ yéye hěn lǎo le, jīnnián dōu bāshíqī suì le.

私の祖父はすっかり年をとって、今年でもう87歳になりました。

老张，你的电话！
Lǎo Zhāng, nǐ de diànhuà!

張さん、お電話です！

那个绿颜色的包是我的。
Nàge lǜ yánsè de bāo shì wǒ de.

あの緑色のかばんは私のです。

春天来了，小草都绿了。
Chūntiān lái le, xiǎo cǎo dōu lǜ le.

春が来ました。草もすっかり青くなりました。

我很满意这里的生活。
Wǒ hěn mǎnyì zhèlǐ de shēnghuó.

私はここの生活にとても満足しています。

顾客满意地离开了。
Gùkè mǎnyìde líkāi le.

顧客は満足気に去りました。

这次考试难不难？
Zhè cì kǎoshì nán bu nán?

今回のテストは難しいですか？

这个字太小了，很难看清楚。
Zhège zì tài xiǎole, hěn nánkàn qīngchu.

この文字は小さすぎて、とても見ずらい。

217

难过
ナン グオ
nán guò

nánguò

形 辛い、悲しい

218

日軽

年轻
ニエン チン
nián qīng

niánqīng

形 若い

219

努力
ヌゥ リィ
nǔ lì

nǔlì

形 一生懸命である
動 努力する

220

胖
パン
pàng

pàng

形 太っている

221

奇怪
チィ グアイ
qí guài

qíguài

形 変な、珍しい

222

清楚
チン チュ
qīng chu

qīngchu

形 はっきりしている

指定語句

頻出語句

生活語句

形容詞

他的小狗死了，他很难过。
Tā de xiǎo gǒu sǐ le, tā hěn nánguò.

彼の子犬が死んで、彼はとても辛そうです。

比赛输了，大家都很难过。
Bǐsài shū le, dàjiā dōu hěn nánguò.

試合に負けて、みんなとても辛いです。

我们学校有很多年轻老师。
Wǒmen xuéxiào yǒu hěn duō niánqīng lǎoshī.

私たちの学校には若い先生が多くいます。

我很羡慕你们年轻的一代。
Wǒ hěn xiànmù nǐmen niánqīng de yídài.

私はあなたたち若い世代がとても羨ましいです。

大家学习都非常努力。
Dàjiā xuéxí dōu fēicháng nǔlì.

みんなとても勉強を頑張ります。

他做什么事情都很努力。
Tā zuò shénme shìqing dōu hěn nǔlì.

彼は何をするにも一生懸命です。

她刚生了个胖儿子。
Tā gāng shēngle ge pàng érzi.

彼女はまるまるとした息子を産んだばかりです。

你不胖，用不着减肥。
Nǐ bú pàng, yòngbuzháo jiǎnféi.

あなたは太っていないので、ダイエットをする必要はありません。

他有很多奇怪的想法。
Tā yǒu hěn duō qíguài de xiǎngfǎ.

彼は変わった考えをたくさん持っています。

昨天晚上我做了个奇怪的梦。
Zuótiān wǎnshang wǒ zuòle ge qíguài de mèng.

昨日の夜、私は不思議な夢を見ました。

他讲得很清楚，我们都明白了。
Tā jiǎngde hěn qīngchu, wǒmen dōu míngbai le.

彼は説明がわかりやすかったので、私たちはみんな理解しました。

真相已经非常清楚了，我就不多说了。
Zhēnxiàng yǐjīng fēicháng qīngchu le, wǒ jiù bù duō shuō le.

真相がもうはっきりしたので、私は多くを語らないことにします。

223

日熱

热情 ロォ rè / チン qíng

形 親切だ、心のこもった

rèqíng

224

认真 レン rèn / デェン zhēn

形 まじめな

rènzhēn

225

容易 ルゥン róng / イィ yì

形 簡単な、易しい

róngyì

226

瘦 シォウ shòu

形 痩せている

shòu

227

舒服 シュウ shū / フ fu

形 体調がよい、心地よい

shūfu

228

疼 トォン téng

形 痛い

téng

这里的服务员对顾客很热情。
Zhèlǐ de fúwùyuán duì gùkè hěn rèqíng.

ここの店員はお客さんにとても親切です。

乘务员对这些外国游客热情极了。
Chéngwùyuán duì zhèxiē wàiguó yóukè rèqíngjíle.

乗務員はこちらの外国人旅行者たちに対してとても親切に接します。

她是个非常认真的人。
Tā shì ge fēicháng rènzhēn de rén.

彼女はとてもまじめな人です。

他说的每一句话我们都应该认真地听。
Tā shuō de měi yí jù huà wǒmen dōu yīnggāi rènzhēnde tīng.

彼が言う一言一言を、私たちは真剣に聞くべきです。

什么事情都是看着容易，做起来难。
Shénme shìqing dōu shì kànzhe róngyì, zuòqilai nán.

何事も見ていれば簡単ですが、行うのは難しいです。

第二个问题比第一个容易一些。
Dì èr ge wèntí bǐ dì yī ge róngyì yìxiē.

2番目の問題は1番目の問題よりもいくぶん易しいです。

他个子不高，有点儿瘦。
Tā gèzi bù gāo, yǒudiǎnr shòu.

彼は身長が高くなく、少し痩せています。

这匹马吃得很少，越来越瘦了。
Zhè pǐ mǎ chīde hěn shǎo, yuè lái yuè shòu le.

この馬は食べる量が少なく、ますます痩せてきました。

你觉得哪儿不舒服?
Nǐ juéde nǎr bù shūfu?

あなたはどこが具合が悪いですか？

吃过药以后，我觉得舒服多了。
Chīguo yào yǐhòu, wǒ juéde shūfuduō le.

薬を飲んだ後、体調がずっと良くなりました。

我头疼，可能是感冒了。
Wǒ tóuténg, kěnéng shì gǎnmào le.

私は頭が痛いです。たぶん風邪をひきました。

特别怕疼，不想打针。
Tèbié pà téng, bù xiǎng dǎzhēn.

痛いのがことのほか苦手なので、注射を打ちたくありません。

指定語句

頻出語句

生活語句

形容詞

89

229		
甜 tián	ティエン tián	形 甘い

230		
突然 tūrán	トゥ ラン tū rán	形 突然だ　副 突然

231		
日鮮 新鲜 xīnxiān	シン シエン xīn xiān	形 新鮮だ、すがすがしい いきいきとしている

232		
一般 yìbān	イィ バン yì bān	形 普通だ、ありふれた

233		
日様 一样 yíyàng	イィ イアン yí yàng	形 同じである

234		
有名 yǒu//míng	イオウ ミン yǒu míng	形 有名である、名高い

指定語句

頻出語句

生活語句

形容詞

这些苹果又大又甜。
Zhèxiē píngguǒ yòu dà yòu tián.

このリンゴは大きくて、甘いです。

这里的水甜甜的，很好喝。
Zhèlǐ de shuǐ tiántián de, hěn hǎohē.

ここの水はとても甘く、美味しいです。

他来得太突然了，我完全没有想到。
Tā láide tài tūrán le, wǒ wánquán méiyǒu xiǎngdào.

彼が来たのはあまりに突然で、私はまったく思いもよりませんでした。

电话突然响了，吓了我一跳。
Diànhuà tūrán xiǎng le, xiàle wǒ yí tiào.

電話が突然鳴ったので、私はとても驚きました。

多吃新鲜水果，对健康有好处。
Duō chī xīnxiān shuǐguǒ, duì jiànkāng yǒu hǎochù.

新鮮な果物を多く食べると、健康に良いですよ。

早上公园里的空气非常新鲜。
Zǎoshang gōngyuán li de kōngqì fēicháng xīnxiān.

朝の公園の空気はとてもすがすがしいです。

我和他只是一般的朋友。
Wǒ hé tā zhǐ shì yìbān de péngyou.

私と彼は普通の友達です。

这里的冬天一般很少下雪。
Zhèlǐ de dōngtiān yìbān hěn shǎo xià xuě.

こちらの冬は通常めったに雪が降りません。

我们俩的年龄一样。
Wǒmen liǎ de niánlíng yíyàng.

私たち2人は年齢が同じです。

他们两个人打扮得完全一样。
Tāmen liǎng ge rén dǎbànde wánquán yíyàng.

彼ら2人は服装が全く同じです。

她是一位很有名的电影演员。
Tā shì yí wèi hěn yǒumíng de diànyǐng yǎnyuán.

彼女はとても有名な映画女優です。

我们大学在美国很有名，没有人不知道。
Wǒmen dàxué zài Měiguó hěn yǒumíng, méiyǒu rén bù zhīdào.

私たちの大学はアメリカでとても有名で、知らない人はいません。

形容詞・副詞

ZH ～ DU

 Track 40

235			
着急 zháojí	ヂァオ zháo	チィ jí	形焦って、急いで

236			
重要 zhòngyào	ヂゥン zhòng	イァオ yào	形重要だ

237			
主要 zhǔyào	ヂュウ zhǔ	イァオ yào	形主要な、主な 副主に

238			
日較 **比较** bǐjiào	ビィ bǐ	ヂァオ jiào	副比較的、わりに 動比較する 介～より ⊟ **较 jiào** 比較的

239			
当然 dāngrán	ダン dāng	ラン rán	副当然、もちろん 形当然である

240			
多么 duōme	ドゥオ duō	マ me	副なんと

孩子生病了，妈妈非常着急。
Háizi shēngbìng le, māma fēicháng zháojí.

子供が病気になって、母親はとても焦りました。

我们有充足的时间，不用着急。
Wǒmen yǒu chōngzú de shíjiān, búyòng zháojí.

私たちには十分な時間があるので、急ぐ必要はありません。

明天的会很重要，你一定要来。
Míngtiān de huì hěn zhòngyào, nǐ yídìng yào lái.

明日の会議は重要なので、あなたは絶対に来てください。

老李有重要的事，所以来不了了。
Lǎo Lǐ yǒu zhòngyào de shì, suǒyǐ láibuliǎo le.

李さんは大切な用事があるので、来られなくなりました。

我了解这部书的主要内容。
Wǒ liǎojiě zhè bù shū de zhǔyào nèiróng.

私はこの本の主な内容を理解しています。

这件事情主要责任在我。
Zhè jiàn shìqing zhǔyào zérèn zài wǒ.

この件は主に私に責任があります。

今天比较冷，你多穿点儿。
Jīntiān bǐjiào lěng, nǐ duō chuān diǎnr.

今日は比較的寒いので、もっと厚着したほうがよいでしょう。

这两部电影比较起来,还是第一部有意思。
Zhè liǎng bù diànyǐng bǐjiàoqilai, háishi dì yī bù yǒu yìsi.

この2本の映画を比較すると、やはり1本目が面白いです。

我能来到中国，当然高兴了。
Wǒ néng láidào Zhōngguó, dāngrán gāoxìng le.

私は中国に来られて、もちろんうれしいです。

我当然明白他是什么意思。
Wǒ dāngrán míngbai tā shì shénme yìsi.

私はもちろん彼がどういう考えかわかりました。

多么聪明的孩子啊！
Duōme cōngmíng de háizi a!

なんと賢い子でしょう！

多么好的天气啊，我们去踢足球吧。
Duōme hǎo de tiānqì a, wǒmen qù tī zúqiú ba.

なんとよい天気なのでしょう、私たちはサッカーをしに行きましょう。

指定語句 / 頻出語句 / 生活語句 / 形容詞・副詞

93

副詞

 Track 41

241	更 gèng	ゴォン gèng	副 さらに、もっと
242	还是 háishi	ハイ hái　シ shi	副 やはり、相変わらず 接 それとも
243	几乎 jīhū	ヂィ jī　フゥ hū	副 ほとんど
244	日極 极 jí	ヂィ jí	副 非常に、極めて
245	经常 jīngcháng	ヂン jīng　チァン cháng	副 よく、しばしば
246	马上 mǎshàng	マァ mǎ　シァン shàng	副 すぐに、まもなく

今天比昨天更冷。
Jīntiān bǐ zuótiān gèng lěng.

今日は昨日よりもっと寒いです。

他在中国有了女朋友，更不想离开了。
Tā zài Zhōngguó yǒule nǚpéngyou, gèng bù xiǎng líkāi le.

彼は中国にガールフレンドができたので、なおさら離れたがりません。

他还是住在原来的地方。
Tā háishi zhùzài yuánlái de dìfang.

彼は相変わらず元の場所に住んでいます。

今天别去了，还是明天去吧。
Jīntiān bié qù le, háishi míngtiān qù ba.

今日は行かないで、やはり明日行きましょう。

我几乎等了一个小时。
Wǒ jīhū děngle yí ge xiǎoshí.

私は1時間近く待ちました。

北京的名胜古迹我几乎都去过了。
Běijīng de míngshèng gǔjì wǒ jīhū dōu qùguo le.

北京の名所旧跡はほとんど行ったことがあります。

这里冬天极冷。
Zhèli dōngtiān jí lěng.

ここの冬は非常に寒いです。

他极爱唱歌，在哪儿都唱。
Tā jí ài chànggē, zài nǎr dōu chàng.

彼は歌うのが非常に好きで、どこでも歌います。

我们经常在一起学习。
Wǒmen jīngcháng zài yìqǐ xuéxí.

私たちはよく一緒に勉強しています。

我经常去那个商店买东西。
Wǒ jīngcháng qù nàge shāngdiàn mǎi dōngxi.

私はよくあの店に行って買い物をします。

火车马上就要进站了。
Huǒchē mǎshàng jiù yào jìn zhàn le.

電車はまもなく駅に到着します。

圣诞节马上就要到了，你打算怎么过?
Shèngdànjié mǎshàng jiù yào dào le, nǐ dǎsuàn zěnme guò?

もうすぐクリスマスが来ます。あなたはどのように過ごすつもりですか？

指定語句

頻出語句

生活語句

副詞

95

Track 42

247				
☐☐☐	日**实** **其实** qíshí	チィ qí	シィ shí	副 実は

248				
☐☐☐	**特别** tèbié	トォ tè	ビエ bié	副 とりわけ　形 特別だ

249			
☐☐☐	**先** xiān	シエン xiān	副 先に、まず

250				
☐☐☐	**一边** yìbiān	イィ yì	ビエン biān	副 ～しながら…する 一方は～、一方は… [解説]"一边～一边…" の形で使う

251				
☐☐☐	**一定** yídìng	イィ yí	ディン dìng	副 絶対、どうあっても 形 一定の、相当な [解説]"不一定" で「必ずしも…ではない」という意味を表す

252				
☐☐☐	**一共** yígòng	イィ yí	グゥン gòng	副 全部で

指定語句

頻出語句

生活語句

副詞

我以为他是美国人，其实他是英国人。 Wǒ yǐwéi tā shì Měiguórén, qíshí tā shì Yīngguórén.	私は彼がアメリカ人だと思っていましたが、実はイギリス人でした。
他表面上没说什么，其实心里很生气。 Tā biǎomiàn shang méi shuō shénme, qíshí xīnli hěn shēngqì.	彼は表向きは何も言いませんでしたが、実は内心とても怒っています。
这种水果特别贵。 Zhè zhǒng shuǐguǒ tèbié guì.	この果物はとりわけ高いです。
他跟别人不一样，是个很特别的人。 Tā gēn biérén bù yíyàng, shì ge hěn tèbié de rén.	彼は他の人とは違う、特別な人です。
你先坐一会儿，我马上就回来。 Nǐ xiān zuò yíhuìr, wǒ mǎshàng jiù huílai.	まずちょっと座っていてください、すぐに戻ってきます。
你先想想这件事应该怎么做。 Nǐ xiān xiǎngxiang zhè jiàn shì yīnggāi zěnme zuò.	あなたは先にこのことをどうするべきか少し考えてください。
他一边吃饭，一边看电视。 Tā yìbiān chī fàn, yìbiān kàn diànshì.	彼はご飯を食べながら、テレビを見ます。
这张桌子一边高一边低。 Zhè zhāng zhuōzi yìbiān gāo yìbiān dī.	このテーブルの一方は高く、一方は低いです。
你明天一定要来啊。 Nǐ míngtiān yídìng yào lái a.	明日絶対に来てくださいよ。
这里的卫生条件有了一定的改善。 Zhèlǐ de wèishēng tiáojiàn yǒule yídìng de gǎishàn.	ここの衛生状況は一定の改善がありました。
这些东西一共三百五十块。 Zhèxiē dōngxi yígòng sānbǎi wǔshí kuài.	これらの物は全部で350元です。
这三个行李箱一共是三十公斤。 Zhè sān ge xínglixiāng yígòng shì sānshí gōngjīn.	この3つのスーツケースは全部で30キログラムです。

Track **43**

253			
一会儿 yíhuìr	イィ yí	ホアル huìr	副 すぐに 名 しばらくの間

254			
一直 yìzhí	イィ yì	ディ zhí	副 ずっと

255		
又 yòu	イオウ yòu	副 また

256		
越 yuè	ユエ yuè	副 ますます 解説 "越～越…" の形で使う

257		
只 zhǐ	ディ zhǐ	副 ～のみ、～だけ

258			
日終 **终于** zhōngyú	ヂゥン zhōng	ユィ yú	副 ついに、やっと

指定語句

頻出語句

生活語句

副詞

你稍等一下，他一会儿就回来。
Nǐ shāo děng yíxià, tā yíhuìr jiù huílai.

あなたは少し待っていてください。彼はすぐに戻ってきます。

你要是累了，就休息一会儿。
Nǐ yàoshi lèi le, jiù xiūxi yíhuìr.

もし疲れたなら、しばらく休憩してください。

你一直往前走，走五分钟就能看到银行。
Nǐ yìzhí wǎng qián zǒu, zǒu wǔ fēnzhōng jiù néng kàndào yínháng.

あなたはずっと前に歩いていくと、5分で銀行が見えます。

这两天一直在下雨。
Zhè liǎng tiān yìzhí zài xià yǔ.

この2日間はずっと雨が降っています。

他去年买了一台电脑，今年又买了一台。
Tā qùnián mǎile yì tái diànnǎo, jīnnián yòu mǎile yì tái.

彼は去年パソコンを1台買い、今年また1台買いました。

他是我的老师，又是我的朋友。
Tā shì wǒ de lǎoshī, yòu shì wǒ de péngyou.

彼は私の先生で、私の友達でもあります。

汉语越学越有兴趣。
Hànyǔ yuè xué yuè yǒu xìngqù.

中国語は学べば学ぶほど興味がわきます。

付出的努力越多，得到的回报就越大。
Fùchū de nǔlì yuè duō, dédào de huíbào jiù yuè dà.

払った努力が多ければ多いほど、得られる効果は大きいです。

中国我只去过北京，没去过别的地方。
Zhōngguó wǒ zhǐ qùguo Běijīng, méi qùguo bié de dìfang.

中国は、私は北京だけ行ったことがあり、他の場所には行ったことがありません。

现在教室里只剩下两名学生了。
Xiànzài jiàoshì li zhǐ shèngxià liǎng míng xuésheng le.

今、教室には学生が2名しか残っていません。

我们等了他很长时间，他终于来了。
Wǒmen děngle tā hěn cháng shíjiān, tā zhōngyú lái le.

私たちは長い間彼を待って、彼はついに来ました。

我解释了半天，他终于明白了。
Wǒ jiěshìle bàntiān, tā zhōngyú míngbai le.

私は長い間説明すると、彼はやっと分かりました。

259			
	日総 **总是** zǒngshì	ツゥン zǒng シィ shì	副 いつも

260			
	日層 **层** céng	ツォン céng	量 階

解説 階数を数える

261			
	段 duàn	ドゥアン duàn	量 ～くぎり、段落

解説 時間や文章のひとかたまりを数える

262			
	公斤 gōngjīn	グゥン gōng チン jīn	量 キログラム

263			
	角 jiǎo	ヂアオ jiǎo	量 角 (中国の貨幣単位) 名 角、すみ

解説 口頭では "毛 máo" という。10 角＝10 毛＝1 元

264			
	刻 kè	コォ kè	量 15 分 動 刻む

解説「～時 45 分」は "～点三刻"。「～時半」を "～点两刻" とは言わない

王老师总是站着讲课，从来不坐。
Wáng lǎoshī zǒngshì zhànzhe jiǎngkè, cónglái bú zuò.

王先生はいつも立って授業をし、これまで座ったことがありません。

他总是为别人着想，不多为自己着想。
Tā zǒngshì wèi biérén zhuóxiǎng, bù duō wèi zìjǐ zhuóxiǎng.

彼はいつも他人のことを考えていて、自分のことをあまり考えません。

我们在六层的会议室开会。
Wǒmen zài liù céng de huìyìshì kāihuì.

私たちは 6 階の会議室で会議を開きます。

这座楼有二十一层。
Zhè zuò lóu yǒu èrshíyī céng.

このビルは 21 階建てです。

这段文章的主要意思是要保护动物。
Zhè duàn wénzhāng de zhǔyào yìsi shì yào bǎohù dòngwù.

この文章の主な意味は動物を保護すべきだということです。

在中国的那段时间我很难忘记。
Zài Zhōngguó de nà duàn shíjiān wǒ hěn nán wàngjì.

中国にいたあの時間を私は忘れがたいです。

我买了两公斤苹果，一公斤香蕉。
Wǒ mǎile liǎng gōngjīn píngguǒ, yì gōngjīn xiāngjiāo.

私はリンゴを 2 キログラムとバナナを 1 キログラム買いました。

这个行李箱重十五公斤。
Zhège xínglixiāng zhòng shíwǔ gōngjīn.

このスーツケースは 15 キログラムあります。

这本书六十元五角。
Zhè běn shū liùshí yuán wǔ jiǎo.

この本は 60 元と 5 角です。

这条街的街角有个小商店。
Zhè tiáo jiē de jiējiǎo yǒu ge xiǎo shāngdiàn.

この通りの角には小さな商店があります。

现在的时间是两点一刻。
Xiànzài de shíjiān shì liǎng diǎn yí kè.

今の時間は 2 時 15 分です。

他在石头上刻上了自己的名字。
Tā zài shítou shang kèshàngle zìjǐ de míngzi.

彼は石に自分の名前を刻みました。

指定語句

頻出語句

生活語句

副詞・量詞

| 265 | 口 kǒu | コウ kǒu | 量 家族の人数を数える 名 出入口 |

| 266 | 辆 liàng | リアン liàng | 量 台
解説 車両の数を数える |

| 267 | 双 shuāng | シュアン shuāng | 量 対になっているものを数える 形 2つの |

| 268 | 条 tiáo | ティアオ tiáo | 量 長い物を数える |

| 269 | 位 wèi | ウエイ wèi | 量 〜名様
解説 人物を数える量詞で、敬意を示す |

| 270 | 元 yuán | ユエン yuán | 量 元（中国の貨幣単位）
解説 紙幣は 1・5・10・20・50・100 元の 6 種類ある |

指定語句

頻出語句

生活語句

量詞

我家有五口人。
Wǒ jiā yǒu wǔ kǒu rén.

私の家は5人家族です。

安全出口在那边。
Ānquán chūkǒu zài nàbiān.

非常口はあちらにあります。

上个月我买了一辆汽车。
Shàng ge yuè wǒ mǎile yí liàng qìchē.

先月私は自動車を1台買いました。

门口停着好几辆汽车。
Ménkǒu tíngzhe hǎojǐ liàng qìchē.

出入り口に車が何台も停まっています。

我买了一双鞋。
Wǒ mǎile yì shuāng xié.

私は靴を1足買いました。

今天是双号，我的车限行。
Jīntiān shì shuāng hào, wǒ de chē xiànxíng.

今日は偶数日です。私の車は交通規制に引っ掛かります。

我买到了一条鱼。
Wǒ mǎidàole yì tiáo yú.

私は魚を1匹買いました。

这部法律一共有二百多条。
Zhè bù fǎlǜ yígòng yǒu èrbǎi duō tiáo.

この法律は全部で200余りの条項があります。

您好，请进。请问您几位?
Nín hǎo, qǐng jìn. Qǐngwèn nín jǐ wèi?

こんにちは、お入りください。何名様ですか？

我来介绍一下，这位是王先生。
Wǒ lái jièshào yíxià, zhè wèi shì Wáng xiānsheng.

ご紹介します。こちらは王さんです。

他做了一笔几十万元的生意。
Tā zuòle yì bǐ jǐ shí wàn yuán de shēngyi.

彼は何十万元の商談をまとめました。

这上面写的价格是三百四十元。
Zhè shàngmiàn xiě de jiàgé shì sānbǎi sìshí yuán.

この上に書かれている価格は340元です。

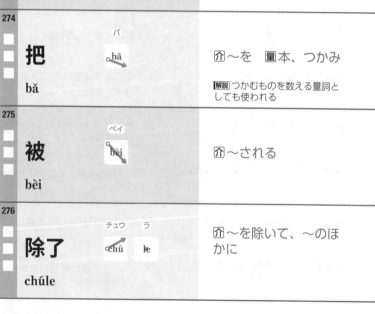

271

日張

张

チァン
zhāng

zhāng

量枚、台
動広げる　名張（姓）

272

只

ディ
zhī

zhī

量動物の数を数える

273

日種

种

デゥン
zhǒng

zhǒng

量種類

274

把

バ
bǎ

bǎ

介〜を　量本、つかみ

解説 つかむものを数える量詞と
しても使われる

275

被

ベイ
bèi

bèi

介〜される

276

除了

チュウ　ラ
chú　le

chúle

介〜を除いて、〜のほ
かに

第4周 / 第5天

这张牛皮质量很好。
Zhè zhāng niúpí zhìliàng hěn hǎo.

この牛皮は質がとても良いです。

屋子里放着一张双人床。
Wūzi li fàngzhe yì zhāng shuāngrénchuáng.

部屋にはダブルベッドが1台あります。

中国送给了美国两只大熊猫。
Zhōngguó sònggěile Měiguó liǎng zhī dàxióngmāo.

中国はアメリカに2匹のジャイアントパンダを贈りました。

他养了两只鸟。
Tā yǎngle liǎng zhī niǎo.

彼は2羽の鳥を飼っています。

这种花儿一年开一回。
Zhè zhǒng huār yì nián kāi yì huí.

この種類の花は1年に1回咲きます。

关于这件事，他们一人一种看法。
Guānyú zhè jiàn shì, tāmen yì rén yì zhǒng kànfǎ.

このことに関して、彼らにはそれぞれ考えがあります。

他把书包里的书都拿出来了。
Tā bǎ shūbāo li de shū dōu náchulai le.

彼はかばんの中の本をすべて出しました。

我们送给了老师一把花儿。
Wǒmen sònggěile lǎoshī yì bǎ huār.

私たちは先生に花束を1つ贈りました。

我的电脑被弟弟弄坏了。
Wǒ de diànnǎo bèi dìdi nònghuài le.

私のパソコンは弟に壊されました。

我被老师说了一大顿。
Wǒ bèi lǎoshī shuōle yí dà dùn.

私は先生にこっぴどく叱られました。

除了大卫，别人都不会说汉语。
Chúle Dàwèi, biérén dōu bú huì shuō Hànyǔ.

デビッド以外は、誰も中国語を話すことができません。

除了历史课，我还要上英语课。
Chúle lìshǐ kè, wǒ hái yào shàng Yīngyǔ kè.

歴史の授業のほかに、私は英語の授業にも出席しなければなりません。

指定語句

頻出語句

生活語句

量詞・介詞

介詞・代名詞

Track 47

277	关于 guānyú	グアン guān / ユィ yú	介 ～に関して

278	为 wèi	ウエイ wèi	介 ～のために

279	为了 wèile	ウエイ wèi / ラ le	介 ～のために

280	向 xiàng	シアン xiàng	介 ～の方に、～へ

281	别人 biérén	ビエ bié / レン rén	代 他の人 関 别人 bièren 他人

282	其他 qítā	チィ qí / タァ tā	代 その他

第4周 / 第6天

我买了两本关于中国文化的书。
Wǒ mǎile liǎng běn guānyú Zhōngguó wénhuà de shū.

中国文化に関する本を2冊買いました。

他写过很多关于保护环境方面的文章。
Tā xiěguo hěn duō guānyú bǎohù huánjìng fāngmiàn de wénzhāng.

彼は環境保護方面に関する文章をたくさん書いています。

你上大学了，大家都为你高兴。
Nǐ shàng dàxué le, dàjiā dōu wèi nǐ gāoxìng.

あなたが大学に上がったので、みんなはあなたの身になって喜んでいます。

他为学习汉语来到中国。
Tā wèi xuéxí Hànyǔ láidào Zhōngguó.

彼は中国語を勉強するために中国に来ました。

为了你的安全，请你不要离开这里。
Wèile nǐ de ānquán, qǐng nǐ búyào líkāi zhèli.

安全のため、あなたはここから離れないでください。

为了学好汉语，他住在了中国人的家里。
Wèile xuéhǎo Hànyǔ, tā zhùzàile Zhōngguórén de jiāli.

中国語をマスターするため、彼は中国人の家に住みました。

请大家不要向外看。
Qǐng dàjiā búyào xiàng wài kàn.

みなさん外を見ないでください。

我有个问题想向您请教。
Wǒ yǒu ge wèntí xiǎng xiàng nín qǐngjiào.

あなたに教えてもらいたい問題があります。

我不知道，你再问问别人吧。
Wǒ bù zhīdào, nǐ zài wènwen biérén ba.

私はわからないので、他の人に聞いてみてください。

这辆车是别人的，我借来的。
Zhè liàng chē shì biérén de, wǒ jièlai de.

この車は他の人のもので、私は借りてきました。

你去买菜，其他事情我来做。
Nǐ qù mǎi cài, qítā shìqing wǒ lái zuò.

あなたは野菜を買いに行ってください、その他のことは私がします。

我只去过日本，其他国家都没去过。
Wǒ zhǐ qùguo Rìběn, qítā guójiā dōu méi qùguo.

私は日本に行ったことがあるだけで、その他の国は行ったことがありません。

指定語句

頻出語句

生活語句　介詞・代名詞

107

283	自己	ツー ヂィ zǐ jǐ	代自分、自分で
	zìjǐ		

284	或者	フオ ヂォ huò zhě	接または、あるいは
	huòzhě		

285	然后	ラン ホウ rán hòu	接それから
	ránhòu		

286	如果	ルゥ グオ rú guǒ	接もし～なら
	rúguǒ		解説 "就" と一緒に使われることが多い

287	日須 必须	ビィ シュ bì xū	助動～すべきである
	bìxū		

288	日応該 应该	イン ガイ yīng gāi	助動～すべきだ、～だろう
	yīnggāi		

第4周/第6天

你去忙吧，我自己收拾就可以。 Nǐ qù máng ba, wǒ zìjǐ shōushi jiù kěyǐ.	あなたは自分のことをしてください。私は自分で片付ければいいですから。
自己的事情要自己解决。 Zìjǐ de shìqing yào zìjǐ jiějué.	自分のことは自分で解決します。
你下午来或者晚上来都可以。 Nǐ xiàwǔ lái huòzhě wǎnshang lái dōu kěyǐ.	あなたは午後に来ても、あるいは夜に来ても大丈夫です。
这件事要马上告诉他或者他妻子。 Zhè jiàn shì yào mǎshàng gàosu tā huòzhě tā qīzi.	このことはすぐに彼、または彼の妻に伝えないといけません。
我们先去北京，然后去上海。 Wǒmen xiān qù Běijīng, ránhòu qù Shànghǎi.	私たちはまず北京に行き、それから上海に行きます。
他想了半天，然后才回答我的问题。 Tā xiǎngle bàntiān, ránhòu cái huídá wǒ de wèntí.	彼はしばらく考えて、それからやっと私の問題に答えました。
明天如果下雨，我们就不去了。 Míngtiān rúguǒ xià yǔ, wǒmen jiù bú qù le.	明日もし雨が降るなら、私たちは行かないことにします。
如果你同意的话，我们就开始吧。 Rúguǒ nǐ tóngyì dehuà, wǒmen jiù kāishǐ ba.	もしあなたが同意するなら、私たちは始めてしまいましょう。
我们必须要遵守这里的法律。 Wǒmen bìxū yào zūnshǒu zhèli de fǎlǜ.	私たちはここの法律を遵守しなければなりません。
这场比赛很重要，你必须参加。 Zhè chǎng bǐsài hěn zhòngyào, nǐ bìxū cānjiā.	この試合は重要なので、あなたは必ず参加すべきです。
你身体不好，应该每天坚持锻炼。 Nǐ shēntǐ bù hǎo, yīnggāi měitiān jiānchí duànliàn.	あなたは体が丈夫でないので、毎日身体を鍛え続けるべきです。
都快九点了，他应该来了。 Dōu kuài jiǔ diǎn le, tā yīnggāi lái le.	もう9時になります。彼は来るでしょう。

指定語句

頻出語句

生活語句

代名詞・接続詞・助動詞

289	愿意	ユエン イィ yuàn yì	助動 ～したいと思う
	yuànyì		

290	半	バン bàn	数 半～
	bàn		

291	万	ウアン wàn	数 万
	wàn		

292	啊	ア a	助 文末の語気助詞 間 あっ 解説 疑問や警告、賛美の意などを表す
	a		

293	地	ダ de	助 動詞・形容詞の修飾語をつくる ⚠省略されることもある
	de		

294	不但～而且…	ブゥ ダン アル チエ bú dàn ér qiě	フ ～だけでなく…だ
	búdàn~érqiě…		

我们都愿意去中国学习汉语。
Wǒmen dōu yuànyì qù Zhōngguó xuéxí Hànyǔ.

私たちは中国に行って中国語を勉強したいと思っています。

你愿意说就说，不愿意说就不说。
Nǐ yuànyì shuō jiù shuō, bú yuànyì shuō jiù bù shuō.

あなたが言いたいのであれば言えばいいし、言いたくなければ言わなくていいです。

到新年还有一个半月。
Dào xīnnián hái yǒu yí ge bàn yuè.

新年まであと1カ月半あります。

我已经学过半年汉语了。
Wǒ yǐjīng xuéguo bàn nián Hànyǔ le.

私はすでに中国語を半年学んでいます。

我们学校有两万多学生。
Wǒmen xuéxiào yǒu liǎngwàn duō xuésheng.

私たちの学校には2万人余りの学生がいます。

她每个月能挣两万三千多块钱。
Tā měi ge yuè néng zhēng liǎngwàn sānqiān duō kuài qián.

彼女は毎月2万3000元余り稼ぐことができます。

这些花儿多漂亮啊！
Zhèxiē huār duō piàoliang a!

これらの花はなんてきれいなんでしょう！

你快点儿说啊！
Nǐ kuài diǎnr shuō a!

早く話してください！

他高兴地笑了。
Tā gāoxìngde xiào le.

彼は楽しそうに笑いました。

学生们都在认真地听老师讲课。
Xuéshengmen dōu zài rènzhēnde tīng lǎoshī jiǎngkè.

学生たちはみんなまじめに先生の授業を聞いています。

我们不但认识，而且是好朋友。
Wǒmen búdàn rènshi, érqiě shì hǎo péngyou.

私たちはただ知り合いなだけでなく、よい友人でもあります。

他不但会说英语，而且会说汉语。
Tā búdàn huì shuō Yīngyǔ, érqiě huì shuō Hànyǔ.

彼は英語が話せるだけでなく、中国語も話せます。

フレーズ

Track 50

295

日郵

电子邮件

ディエン ツー イオウ チエン
diǎn · zǐ · yóu · jiàn

diànzǐ yóujiàn

カ E メール

296

日興

感兴趣

ガン シン チュ
gǎn xìng qù

gǎn xìngqù

カ 興味を持っている

297

爬山

パァ シァン
pá shān

pá shān

カ 山に登る

298

刷牙

シュア イア
shuā yá

shuā yá

カ 歯を磨く

299

遇到

ユィ ダオ
yù dào

yùdào

カ 動+結補 出会う

300

只有~才…

ヂィ イオウ ツァイ
zhǐ yǒu cái

zhǐyǒu~cái…

カ ～になって初めて…
だ

我每天第一件事是看电子邮件。 Wǒ měitiān dì yī jiàn shì shì kàn diànzǐ yóujiàn.	私が毎日最初にするのはＥメールを見ることです。
我给你发了封电子邮件，你收到没有? Wǒ gěi nǐ fāle fēng diànzǐ yóujiàn, nǐ shōudào méiyǒu?	私はあなたにＥメールを1通送りましたが、受け取りましたか？
我对中国文化很感兴趣。 Wǒ duì Zhōngguó wénhuà hěn gǎn xìngqù.	私は中国文化にとても興味を持っています。
我们踢足球怎么样? 你感不感兴趣? Wǒmen tī zúqiú zěnmeyàng? Nǐ gǎn bu gǎn xìngqù?	私たちでサッカーをしませんか？ あなたは興味はありますか？
他每个星期六都去爬山。 Tā měi ge xīngqīliù dōu qù pá shān.	彼は毎週土曜日に山に登ります。
我的脚疼，爬不了山了。 Wǒ de jiǎo téng, pábuliǎo shān le.	私の足が痛いので、山に登れなくなりました。
我一般晚上十点刷牙睡觉。 Wǒ yìbān wǎnshang shí diǎn shuā yá shuìjiào.	私は普通夜10時に歯を磨いて寝ます。
你要学会使用正确的刷牙方法。 Nǐ yào xuéhuì shǐyòng zhèngquè de shuā yá fāngfǎ.	あなたは正確な歯磨きの方法をマスターしなければなりません。
刚才在街上我遇到了一位老朋友。 Gāngcái zài jiē shang wǒ yùdàole yí wèi lǎo péngyou.	先ほど道で私は旧友に会いました。
没想到会在这儿遇到你。 Méi xiǎngdào huì zài zhèr yùdào nǐ.	ここであなたに会うとは思いませんでした。
只有晴天才能看到远处的山。 Zhǐyǒu qíngtiān cái néng kàndào yuǎnchù de shān.	晴れたときだけ遠くの山が見えます。
只有站得高才能看得远。 Zhǐyǒu zhànde gāo cái néng kànde yuǎn.	高いところに立たなければ、遠くは見えません。

覚えておきたい助動詞 "要" の使い方

①意志：～したい、～するつもりだ
→ 「～したい」と「～するつもりだ」、どちらの意味になるかは文脈で判断する必要がある否定文では**不想**や**不愿意**を使い、**不要**は用いない

例文
○我要去北京。　　　　私は北京に行きたい／行くつもりだ。
○我要学游泳。　　　　水泳を習いたい／習うつもりだ。
○你打算要做什么?　　あなたは何をするつもりなの？

②必要・義務：～しなければならない、～すべきだ
→ 「～しなくてもよい」は**不用**や**不必**を用いる

例文
○学生要好好儿学习。　学生はきちんと勉強しなくてはならない。
○我明天要去图书馆。　私は明日図書館に行かなければならない。
○不要浪费水。　　　　水を無駄遣いしてはいけない。

③可能性：～しそうだ、～だろう
→ 要の前に "会" を加え、文末に "的" を加えることができる

例文
○好像要下雨的。　　　どうやら雨が降りそうだ。
○明天他要来了。　　　彼は明日来るだろう。
○我妈要生气的。　　　母は怒るだろう。

頻出語句 150

『HSK 考试大纲』には掲載されていない、最新版の過去問題に出題された語句を厳選して 150 収録。指定語句と合わせて覚えれば、試験対策はバッチリです！

名詞

301			
	班级 バン ディ bān jí		名 クラス、学年とクラス
	bānjí		

302			
	表 ビアオ biǎo		名 腕時計
	biǎo		類 **手表** shǒubiǎo

303			
	草地 ツァオ ディ cǎo dì		名 芝生、牧草地
	cǎodì		

304			
	地上 ディ シァン dì shang		名 地面、床、地べた
	dìshang		解説 "地上 dìshàng" は地上の意

305			
	动物园 ドゥン ウゥ ユエン dòng wù yuán		名 動物園
	dòngwùyuán		

306			
	故事书 グゥ シ シュウ gù shi shū		名 (子ども向け) 物語集
	gùshishū		

他被认为是班级里最聪明的学生。
Tā bèi rènwéi shì bānjí li zuì cōngmíng de xuésheng.

彼はクラスの中で1番賢い学生と思われています。

这次比赛以班级为单位进行。
Zhè cì bǐsài yǐ bānjí wéi dānwèi jìnxíng.

この試合はクラス単位で行われます。

他小心地把表放在箱子里了。
Tā xiǎoxīnde bǎ biǎo fàngzài xiāngzi li le.

彼は気を付けながら腕時計を箱に入れました。

我把表放在电脑旁边了。
Wǒ bǎ biǎo fàngzài diànnǎo pángbiān le.

私は腕時計をパソコンの横に置きました。

屋外是一片草地。
Wūwài shì yípiàn cǎodì.

屋外は一面の芝生です。

路的右边是树林，左边是草地。
Lù de yòubiān shì shùlín, zuǒbiān shì cǎodì.

道の右側には林があり、左側には牧草地があります。

桌子上没地方了，把杯子放地上吧。
Zhuōzi shang méi dìfang le, bǎ bēizi fàng dìshang ba.

机の上には場所がなくなったので、コップを床に置きましょう。

他发现地上有个钱包。
Tā fāxiàn dìshang yǒu ge qiánbāo.

彼は地面に財布があるのを見つけました。

我经常带孩子去动物园。
Wǒ jīngcháng dài háizi qù dòngwùyuán.

私はよく子どもを連れて動物園へ行きます。

儿子就喜欢去动物园看老虎。
Érzi jiù xǐhuan qù dòngwùyuán kàn lǎohǔ.

息子は動物園へ行って虎を見るのが好きです。

这是我最喜欢的一本故事书。
Zhè shì wǒ zuì xǐhuan de yì běn gùshishū.

これは私の最も好きな物語集です。

我儿子每天都要看完故事书才睡觉。
Wǒ érzi měitiān dōu yào kànwán gùshishū cái shuìjiào.

私の息子は毎日物語集を読んでから寝ます。

307	国 guó	グオ guó	名 国

308	国外 guówài	グオ guó / ウアイ wài	名 (中国から見た) 外国
			⇔ 国内 guónèi

309	好事 hǎoshì	ハオ hǎo / シィ shì	名 よいこと
			⇔ 坏事 huàishì 悪いこと

310	河 hé	ホオ hé	名 川

311	后 hòu	ホウ hòu	名 後

312	花茶 huāchá	ホア huā / チア chá	名 花茶 (中国茶の一種)
			解説 ジャスミン茶など、花が原材料に使われているお茶を指す

指定語句

頻出語句

生活語句

名詞

出国的事情我已经决定了。
Chūguó de shìqing wǒ yǐjīng juédìng le.

海外に行くことはすでに決めました。

我已经打算好了，下个月就回国。
Wǒ yǐjīng dǎsuànhǎo le, xià ge yuè jiù huíguó.

私はすでにしっかり計画していて、来月には帰国します。

去国外学习了一年，他长了很多见识。
Qù guówài xuéxíle yì nián, tā zhǎngle hěn duō jiànshi.

外国で1年勉強して、彼は大いに見聞を広めました。

一个人在国外要保重身体。
Yí ge rén zài guówài yào bǎozhòng shēntǐ.

1人で外国にいる際は身体に気を付けないといけません。

这是好事，我们得庆祝一下。
Zhè shì hǎoshì, wǒmen děi qìngzhù yíxià.

これはめでたいことで、私たちはお祝いするべきです。

我有个好事想和你分享。
Wǒ yǒu ge hǎoshì xiǎng hé nǐ fēnxiǎng.

私はあなたと分かち合いたいよいことがあります。

这条河有两千多公里长。
Zhè tiáo hé yǒu liǎngqiān duō gōnglǐ cháng.

この川は2000キロメートル余りの長さがあります。

夏天的时候，他们喜欢到河里游泳。
Xiàtiān de shíhou, tāmen xǐhuan dào hé li yóuyǒng.

彼らは、夏に川へ行って泳ぐのが好きです。

司机酒后开车是这次交通事故的主要原因。
Sījī jiǔ hòu kāichē shì zhè cì jiāotōng shìgù de zhǔyào yuányīn.

運転手が飲酒後に運転したのがこの交通事故の主な原因です。

收到电子邮件后，要及时回复。
Shōudào diànzǐ yóujiàn hòu, yào jíshí huífù.

Eメールを受け取った後、すぐに返信しなければなりません。

那家店的花茶很好喝。
Nà jiā diàn de huāchá hěn hǎohē.

あの店の花茶はとてもおいしいです。

我买了一些花茶送给她，希望她喜欢。
Wǒ mǎile yìxiē huāchá sònggěi tā, xīwàng tā xǐhuan.

私は花茶を少し買って彼女に贈りました。気に入ってくれると嬉しいです。

| 313 | 花瓶 | ホア huā ピン píng | 名花瓶 |
| | huāpíng | | |

| 314 | 花园 | ホア huā ユエン yuán | 名花園、庭園 |
| | huāyuán | | 同花园子 huāyuánzi |

| 315 | 会儿 | ホアル huìr | 名ころ、時間 |
| | huìr | | |

| 316 | ～季 | ディ jì | 名～の季節 |
| | ~jì | | 解説 通常 "秋季" "春季" など季節と合わせて使われる |

| 317 | 家人 | チア jiā レン rén | 名家族 |
| | jiārén | | |

| 318 | 街 | チエ jiē | 名通り、街 |
| | jiē | | |

指定語句　頻出語句　生活語句　名詞

我一不小心把花瓶打碎了。
Wǒ yí bù xiǎoxīn bǎ huāpíng dǎsuì le.

私はうっかりして花瓶を割ってしまいました。

花瓶里的水最好每天更换。
Huāpíng li de shuǐ zuì hǎo měitiān gēnghuàn.

花瓶の中の水は毎日替えるほうがよいです。

春天了，花园里的花儿都开了。
Chūntiān le, huāyuán li de huār dōu kāi le.

春が来て、花園の花が全て咲きました。

他家房子后面是自己的小花园。
Tā jiā fángzi hòumiàn shì zìjǐ de xiǎo huāyuán.

彼の家の裏には自分の小さな庭園があります。

都这会儿了，她恐怕已经走了。
Dōu zhè huìr le, tā kǒngpà yǐjing zǒu le.

もうこんな時間だ。彼女は恐らくもう行ってしまったでしょう。

真怀念上大学那会儿，无忧无虑的。
Zhēn huáiniàn shàng dàxué nà huìr, wú yōu wú lù de.

大学で学んでいた頃が本当に懐かしいです。何の心配もありませんでした。

每年秋季学校都会开运动会。
Měinián qiūjì xuéxiào dōu huì kāi yùndònghuì.

毎年秋に学校では運動会が開かれます。

今年的春季大会将在东京举行。
Jīnnián de chūnjì dàhuì jiāng zài Dōngjīng jǔxíng.

今年の春の大会は東京で行われます。

我很想念家人，特别是我妈妈。
Wǒ hěn xiǎngniàn jiārén, tèbié shì wǒ māma.

私は家族がとても恋しいです、とりわけ母のことが。

晚上是我和家人在一起的时间。
Wǎnshang shì wǒ hé jiārén zài yìqǐ de shíjiān.

夜は私と家族が一緒にいる時間です。

那条街的街角有个小商店。
Nà tiáo jiē de jiējiǎo yǒu ge xiǎo shāngdiàn.

あの通りの角には小さなお店があります。

今天我打算和朋友上街买东西。
Jīntiān wǒ dǎsuàn hé péngyou shàng jiē mǎi dōngxi.

今日私は友達と街で買い物をするつもりです。

319

姐弟

チエ　ディ
jiě　dì

jiě dì

名姉と弟

320

节目单

チエ　ムゥ　ダン
jié　mù　dān

jiémùdān

名プログラム

解説 放送の番組表や、催し物の内容を紹介するものを指す

321

老朋友

ラオ　ポォン　イオウ
lǎo　péng　you

lǎopéngyou

名古くからの友達

322

老人

ラオ　レン
lǎo　rén

lǎorén

名お年寄り、老人

323

楼层

ロウ　ツォン
lóu　céng

lóucéng

名階

解説 高い建物の1階ごとの空間を指す

324

楼道

ロウ　ダオ
lóu　dào

lóudào

名廊下

你不说的话我都不知道他们是姐弟。
Nǐ bù shuō dehuà wǒ dōu bù zhīdào tāmen shì jiě dì.

あなたが言わなければ、私は彼らが姉と弟だと分かりませんでした。

这对姐弟感情很好，从来不吵架。
Zhè duì jiě dì gǎnqíng hěn hǎo, cónglái bù chǎojià.

この姉と弟は仲がとても良く、これまで喧嘩したことがありません。

一切按照节目单来。
Yíqiè ànzhào jiémùdān lai.

すべてプログラムどおりに行います。

这个节目单，你觉得怎么样?
Zhège jiémùdān, nǐ juéde zěnmeyàng?

このプログラムについて、あなたはどう思いますか？

不用客气，我们是老朋友。
Búyòng kèqì, wǒmen shì lǎo péngyou.

遠慮しないでください。私たちは古くからの友達です。

我们是老朋友了，我相信你。
Wǒmen shì lǎo péngyou le, wǒ xiāngxìn nǐ.

私たちは古くからの友達です。あなたを信じます。

两位老人坐在这里,其他人站在他们左右。
Liǎng wèi lǎorén zuòzài zhèli, qítā rén zhànzài tāmen zuǒyòu.

2人のお年寄りがここに座っていて、他の人は彼らの左右に立っています。

这些老人在这里得到了很好的照顾。
Zhèxiē lǎorén zài zhèli dédàole hěn hǎo de zhàogù.

こちらのご老人たちはここでとてもよく世話をされています。

这台电梯不是每个楼层都会停的。
Zhè tái diàntī bú shì měi ge lóucéng dōu huì tíng de.

このエレベーターは全ての階に止まるのではありません。

请给我安排一个较高楼层的房间，谢谢。
Qǐng gěi wǒ ānpái yí ge jiào gāo lóucéng de fángjiān, xièxie.

やや高い階の部屋にしてください。よろしくお願いします。

我刚刚在楼道里看见他了。
Wǒ gānggāng zài lóudào li kànjiàn tā le.

私はつい先ほど廊下で彼を見ました。

这个楼道一到晚上就黑漆漆的。
Zhège lóudào yí dào wǎnshang jiù hēiqīqī de.

この廊下は夜になると真っ暗になります。

指定語句

頻出語句

生活語句　名詞

123

325	楼梯	ロウ ティ lóu tī	名 階段
	lóutī		

326	～门	メン mén	名 ～門
	~mén		

327	南方	ナン ファン nán fāng	名 (中国の) 南方地域 解説 年間降水量 1000mm のラインである、秦嶺・淮河線よりも南の地域
	nánfāng		

328	前	チエン qián	名 (空間・時間的な) 前
	qián		

329	钱包	チエン バオ qián bāo	名 財布
	qiánbāo		

330	前年	チエン ニエン qián nián	名 一昨年
	qiánnián		

指定語句

頻出語句

生活語句

名詞

电梯坏了，今天只能走楼梯。
Diàntī huài le, jīntiān zhǐ néng zǒu lóutī.

エレベーターが壊れました。今日は階段で行くしかありません。

他不小心从楼梯上摔了下来。
Tā bù xiǎoxīn cóng lóutī shàng shuāilexiàlai.

彼はうっかりして階段から転げ落ちました。

学校东门和南门离我这儿一样远。
Xuéxiào dōngmén hé nánmén lí wǒ zhèr yíyàng yuǎn.

学校の東門と南門はここから同じぐらい遠いです。

我们在学校南门门口见面吧。
Wǒmen zài xuéxiào nánmén ménkǒu jiànmiàn ba.

私たちは学校の南門の入り口で会いましょう。

我是南方长大的，吃饭一天也离不开米。
Wǒ shì nánfāng zhǎngdà de, chīfàn yì tiān yě líbukāi mǐ.

私は中国の南方で育ったので、食事に1日でも米を欠かすことはできません。

候鸟每年都会飞到南方过冬。
Hòuniǎo měinián dōu huì fēidào nánfāng guòdōng.

渡り鳥は毎年、南方に飛んでいって冬を越します。

这是一台老电视，二十年前生产的。
Zhè shì yì tái lǎo diànshì, èrshí nián qián shēngchǎn de.

これは古いテレビで、20年前に生産されたものです。

顺着这条路一直往前走，就能到我家。
Shùnzhe zhè tiáo lù yìzhí wǎng qián zǒu, jiù néng dào wǒ jiā.

この道に沿ってずっと前へ行くと、私の家に着きます。

他的钱包被人偷了，他正在那里着急。
Tā de qiánbāo bèi rén tōu le, tā zhèngzài nàli zháojí.

彼の財布は誰かに盗まれました。彼はあそこで焦っています。

她一低头，看见地上有个钱包。
Tā yì dītóu, kànjiàn dìshang yǒu ge qiánbāo.

彼女は下を見ると、地面に財布があるのが見えました。

他前年买了一台手机。
Tā qiánnián mǎile yì tái shǒujī.

彼は一昨年に携帯を1台買いました。

这件衣服是前年买的。
Zhè jiàn yīfu shì qiánnián mǎi de.

この服は一昨年に買いました。

Track 56

331			
时间段 シィ チエン ドゥアン shí jiān duàn shíjiānduàn	名時間帯、タイムスロット 類时段 shíduàn		

332			
旧試 **试题** シィ ティ shì tí shìtí	名試験問題		

333			
水果店 シュイ グオ ディエン shuǐ guǒ diàn shuǐguǒdiàn	名果物屋		

334			
四季 スー ヂィ sì jì sìjì	名四季		

335			
体育馆 ティ ユィ グアン tǐ yù guǎn tǐyùguǎn	名体育館		

336			
碗筷 ウアン クアイ wǎn kuài wǎnkuài	名お碗と箸		

126

在这个时间段，街上没什么人。
Zài zhège shíjiānduàn, jiē shang méi shénme rén.

この時間帯は、街に誰もいません。

对不起，在工作时间段我不方便接电话。
Duìbuqǐ, zài gōngzuò shíjiānduàn wǒ bù fāngbiàn jiē diànhuà.

すみません、仕事中は電話に出られません。

在考试前试题都是保密的。
Zài kǎoshì qián shìtí dōu shì bǎomì de.

試験前は試験問題は秘密です。

这次的试题很简单，所以我得了高分。
Zhè cì de shìtí hěn jiǎndān, suǒyǐ wǒ déle gāo fēn.

今回の試験問題はとても簡単だったので、高得点を取りました。

街上开了一家水果店，咱们去看看?
Jiē shang kāile yì jiā shuǐguǒdiàn, zánmen qù kànkan?

通りに果物屋ができました。私たちで見に行ってみませんか。

那家水果店每天八点就关门了。
Nà jiā shuǐguǒdiàn měitiān bā diǎn jiù guānmén le.

あの果物屋は毎日8時には閉まります。

这里一年四季，春夏秋冬非常明显。
Zhèli yì nián sìjì, chūn xià qiū dōng fēicháng míngxiǎn.

ここは1年の四季、春夏秋冬がとてもはっきりしています。

这里一年四季都有很多游客。
Zhèli yì nián sìjì dōu yǒu hěn duō yóukè.

ここは1年中どの季節も多くの観光客がいます。

你去体育馆的话准能找到他。
Nǐ qù tǐyùguǎn dehuà zhǔn néng zhǎodào tā.

あなたは体育館に行けば、きっと彼を探し出せます。

中国的国家体育馆可真漂亮啊!
Zhōngguó de Guójiā tǐyùguǎn kě zhēn piàoliang a!

中国の国家体育館はなんと綺麗なのでしょう!

请拿一套碗筷给我，好吗?
Qǐng ná yí tào wǎnkuài gěi wǒ, hǎo ma?

お碗と箸をいただけませんか。

这套碗筷真漂亮，在哪儿买的?
Zhè tào wǎnkuài zhēn piàoliang, zài nǎr mǎi de?

このお碗と箸はとても綺麗です。どこで買いましたか。

指定語句

頻出語句

生活語句

名詞

337			
	ウアン ファン		
晚饭	wǎn fàn		名 夕食
wǎnfàn			

338			
	ウアン ホイ		
晚会	wǎn huì		名 パーティー
wǎnhuì			

339			
	ウアン シァン		
网上	wǎng shang		名 インターネット上
wǎngshang			

340			
	ウエン ホア グアン		
文化馆	wén huà guǎn		名 文化会館
wénhuàguǎn			解説 大衆が文化活動を行ったり娯楽を楽しむための施設

341			
	シアン パオ ディエン		
箱包店	xiāng bāo diàn		名 かばん屋
xiāngbāodiàn			

342			
	シアン ツ		
箱子	xiāng zi		名 箱、トランク
xiāngzi			

指定語句

頻出語句

生活語句

名詞

晚饭别吃得太饱。
Wǎnfàn bié chīde tài bǎo.

夕食はあまり食べ過ぎてはいけません。

今天的晚饭没有啤酒，只有果汁。
Jīntiān de wǎnfàn méiyǒu píjiǔ, zhǐ yǒu guǒzhī.

今日の夕食にはビールがなく、ジュースのみでした。

我打算举行一个生日晚会。
Wǒ dǎsuàn jǔxíng yí ge shēngrì wǎnhuì.

私は誕生日パーティーをするつもりです。

听说他要在晚会上唱歌?
Tīngshuō tā yào zài wǎnhuì shang chànggē?

彼はパーティーで歌うと聞きましたが？

网上的事情不能全部相信。
Wǎngshang de shìqing bù néng quánbù xiāngxìn.

ネット上のことはすべてを信じてはいけません。

我在网上认识了很多新朋友。
Wǒ zài wǎngshang rènshile hěn duō xīn péngyou.

私はネット上でたくさんの友達と知り合いました。

我的父亲在文化馆工作。
Wǒ de fùqin zài wénhuàguǎn gōngzuò.

私の父親は文化会館で仕事をしています。

周二是文化馆的闭馆日。
Zhōu'èr shì wénhuàguǎn de bìguǎnrì.

火曜日は文化会館の休館日です。

我明天想去箱包店逛逛。
Wǒ míngtiān xiǎng qù xiāngbāodiàn guàngguang.

私は明日かばん屋さんをめぐりたいと思います。

他在这条街上开了一家箱包店。
Tā zài zhè tiáo jiē shang kāile yì jiā xiāngbāodiàn.

彼はこの通りにかばん屋を開きました。

我看见她正在搬大箱子，马上接了过来。
Wǒ kànjiàn tā zhèngzài bān dà xiāngzi, mǎshàng jiēleguòlai.

私は彼女が大きな箱を運んでいるのを見て、すぐに受け取りに行きました。

请给我一个大一点儿的箱子。
Qǐng gěi wǒ yí ge dà yìdiǎnr de xiāngzi.

私にもう少し大きな箱をください。

129

Track 58

343			
	姓名	シン ミン xìng míng	图 氏名、姓名
	xìngmíng		

344			
	星期日	シン チィ リィ xīng qī rì	图 日曜日
	xīngqīrì		解説 "星期天 xīngqītiān" ともいう

345			
	兴趣班	シン チュ バン xìng qù bān	图 習い事
	xìngqùbān		

346			
	雪人	シュエ レン xuě rén	图 雪だるま
	xuěrén		

347			
	牙	イア yá	图 歯
	yá		

348			
	眼	イエン yǎn	图 目
	yǎn		解説 単独では "眼睛 yǎnjing" が一般的

指定語句

頻出語句

生活語句

名詞

请在空白处写上自己的姓名。
Qǐng zài kòngbáichù xiěshàng zìjǐ de xìngmíng.

空いているところに自分の氏名を入れてください。

中国人的姓名一般有 2 到 4 个字。
Zhōngguórén de xìngmíng yìbān yǒu liǎng dào sì ge zì.

中国人の氏名は普通 2 ～ 4 文字です。

星期日我常去商店买东西。
Xīngqīrì wǒ cháng qù shāngdiàn mǎi dōngxi.

日曜日、私はいつも店に行き買い物をします。

你星期日为什么去学校?
Nǐ xīngqīrì wèi shénme qù xuéxiào?

あなたは日曜日になぜ学校に行くのですか？

我女儿放学了还得去兴趣班。
Wǒ nǚ'ér fàngxuéle hái děi qù xìngqùbān.

私の娘は放課後さらに習い事に行かなければなりません。

他在游泳兴趣班学会了游泳。
Tā zài yóuyǒng xìngqùbān xuéhuìle yóuyǒng.

彼はスイミングスクールで水泳をマスターしました。

下雪了，咱们一块儿去堆雪人吧。
Xià xuě le, zánmen yíkuàir qù duī xuěrén ba.

雪が降ったので、私たちは一緒に雪だるまを作りに行きましょう。

你堆的雪人真好看，教教我，好吗?
Nǐ duī de xuěrén zhēn hǎokàn, jiāojiao wǒ, hǎo ma?

あなたの作った雪だるまはとても綺麗です、私に教えてくれませんか？

我今天牙疼，可以休息一天吗?
Wǒ jīntiān yá téng, kěyǐ xiūxí yì tiān ma?

私は今日歯が痛いので、1 日お休みを頂けませんか？

孩子长牙了，还是两颗。
Háizi zhǎng yá le, háishi liǎng kē.

子どもに歯が生えました。まだ 2 本ですが。

他眼里只有工作，别的都不在乎。
Tā yǎn li zhǐ yǒu gōngzuò, bié de dōu búzàihu.

彼の目には仕事しかなく、他のことは気にしません。

他笑得眼泪都流出来了。
Tā xiàode yǎnlèi dōu liúchulai le.

彼は涙が出るほど笑いました。

349				
	衣服店 yīfudiàn	イィ yī	フゥ fu	ディエン diàn → 名衣料品店

音乐会 yīnyuèhuì　イン yīn　ユエ yuè　ホイ huì
名音楽会、コンサート

游客 yóukè　イオウ yóu　コォ kè
名観光客
⑤ 观光客 guānguāngkè

游泳馆 yóuyǒngguǎn　イオウ yóu　イゥン yǒng　グアン guǎn
名屋内プール

雨伞 yǔsǎn　ユィ yǔ　サン sǎn
名雨傘

日運
运动会 yùndònghuì　ユン yùn　ドゥン dòng　ホイ huì
名運動会、競技会

132

指定語句

頻出語句

生活語句

名詞

这一条街上大多数都是衣服店。
Zhè yì tiáo jiē shang dàduōshù dōu shì yīfudiàn.

この通りの大部分は衣料品店です。

我经常在这家衣服店买衣服。
Wǒ jīngcháng zài zhè jiā yīfudiàn mǎi yīfu.

私はいつもこの衣料品店で服を買います。

我有两张音乐会门票，一起去听吧。
Wǒ yǒu liǎng zhāng yīnyuèhuì ménpiào, yìqǐ qù tīng ba.

私は音楽会のチケットを2枚持っています。一緒に聴きに行きましょう。

音乐会结束的时候，大家都站起来鼓掌。
Yīnyuèhuì jiéshù de shíhou, dàjiā dōu zhànqilai gǔzhǎng.

コンサートが終わると、みんな立ち上がって拍手しました。

每年黄金周，日本都会迎来大量游客。
Měinián huángjīnzhōu, Rìběn dōu huì yínglai dàliàng yóukè.

毎年ゴールデンウィークになると、日本は大量の観光客を迎えます。

他正在向游客介绍当地有名的小吃。
Tā zhèngzài xiàng yóukè jièshào dāngdì yǒumíng de xiǎochī.

彼は今観光客に現地の有名なB級グルメを紹介しているところです。

每周六下午，我都会去游泳馆游泳。
Měi zhōuliù xiàwǔ, wǒ dōu huì qù yóuyǒngguǎn yóuyǒng.

毎週土曜日の午後、私はいつも屋内プールに泳ぎに行きます。

我是在游泳馆认识他的。
Wǒ shì zài yóuyǒngguǎn rènshi tā de.

私は屋内プールで彼と知り合いました。

我借给了他一把雨伞。
Wǒ jiègěile tā yì bǎ yǔsǎn.

私は彼に傘を1本貸しました。

我有两把雨伞，可以借给你一把。
Wǒ yǒu liǎng bǎ yǔsǎn, kěyǐ jiègěi nǐ yì bǎ.

私は傘を2本持っているので、あなたに1本貸しますよ。

因为下雨，运动会可能举行不了了。
Yīnwèi xià yǔ, yùndònghuì kěnéng jǔxíngbuliǎo le.

雨が降ったので、運動会は開催できなくなってしまったでしょう。

这次运动会要举行十四天。
Zhè cì yùndònghuì yào jǔxíng shísì tiān.

この競技会は14日間開催されます。

133

名詞・動詞

Track 60

355	运动员 ユン ドゥン ユエン yùn dòng yuán yùndòngyuán	名 スポーツ選手
356	早饭 ツァオ ファン zǎo fàn zǎofàn	名 朝食
357	周 ヂォウ zhōu zhōu	名 週
358	字典 ツー ディエン zì diǎn zìdiǎn	名 字引き、字典 解説 漢字を一定の順序に並べて、その発音・字源・意味・用法などを説明したもの
359	足球 ツゥ チウ zú qiú zúqiú	名 サッカー
360	办 バン bàn bàn	動 する、処理する

第5周 / 第6天

运动员们在为比赛做准备。
Yùndòngyuánmen zài wèi bǐsài zuò zhǔnbèi.

選手たちは試合のために準備しているところです。

我的哥哥是一名篮球运动员。
Wǒ de gēge shì yì míng lánqiú yùndòngyuán.

私の兄はバスケットボール選手です。

我早饭在宾馆里吃。
Wǒ zǎofàn zài bīnguǎn li chī.

私は朝食をホテルで食べます。

我没吃早饭，现在很饿。
Wǒ méi chī zǎofàn, xiànzài hěn è.

私は朝ご飯を食べなかったので、今お腹がすいています。

学校要在下周举行运动会。
Xuéxiào yào zài xià zhōu jǔxíng yùndònghuì.

学校では来週運動会が開催されます。

我们每周都有考试。
Wǒmen měizhōu dōu yǒu kǎoshì.

私たちは毎週テストがあります。

这本字典对我学习汉语帮助很大。
Zhè běn zìdiǎn duì wǒ xuéxí Hànyǔ bāngzhù hěn dà.

この字典は私の中国語学習の大きな助けになっています。

他学习汉语，离不开这本厚字典。
Tā xuéxí Hànyǔ, líbukāi zhè běn hòu zìdiǎn.

彼は中国語を勉強していて、この厚い字典を手放せません。

那天有好几万人观看了足球比赛。
Nà tiān yǒu hǎojǐ wàn rén guānkànle zúqiú bǐsài.

その日は何万もの人がサッカーの試合を見ました。

今天晚上有足球比赛。
Jīntiān wǎnshang yǒu zúqiú bǐsài.

今夜サッカーの試合があります。

问题来了，我们该怎么办？
Wèntí lái le, wǒmen gāi zěnme bàn?

問題が起こりました。私たちはどうすればいいでしょうか。

出国手续办好了吗？
Chūguó shǒuxù bànhǎo le ma?

出国の手続きはちゃんととりましたか。

指定語句

頻出語句

生活語句

名詞・動詞

135

動詞

BI～DA

🔊 Track 61

361		
	ビエン **变** biàn	動 変化する、〜になる

362		
	ブゥ チエン **不见** bú jiàn	動 なくなる、姿を消す

363		
	チァ **查** chá	動 調べる

364		
	チァン **尝** cháng	動 食べてみる、味をみる

365		
	ツゥオ グオ **错过** cuò guò	動 (機会などを) 逃す

366		
	ダァ **打** dǎ	動 (電話を) かける

指定語句 | 頻出語句 | 生活語句 | 動詞

经过几次失败后，他们变得聪明起来了。
Jīngguò jǐ cì shībài hòu, tāmen biànde cōngmíngqilai le.

数回の失敗を経て、彼らは賢くなり始めました。

以前这条街道很窄，现在变宽了。
Yǐqián zhè tiáo jiēdào hěn zhǎi, xiànzài biànkuān le.

以前この街道はとても狭かったのですが、現在は広くなりました。

我的手机一直拿在手里，怎么不见了？
Wǒ de shǒujī yìzhí názài shǒu li, zěnme bújiàn le?

私の携帯はずっと手の中にあったのに、どうしてなくなったのでしょう？

刚才我还看见她了，怎么一会儿就不见了？
Gāngcái wǒ hái kànjiàn tā le, zěnme yíhuìr jiù bújiàn le?

私はさっき彼女を見たのに、どうしてしばらくするといなくなってしまったのだろう。

遇到不认识的字，你就查字典。
Yùdào bú rènshi de zì, nǐ jiù chá zìdiǎn.

知らない字を見つけると、あなたはすぐ字典を引きます。

身体不舒服的话，最好去医院查一查。
Shēntǐ bù shūfu dehuà, zuì hǎo qù yīyuàn chá yi chá.

体調が悪いなら、病院に行って検査を受けると良いでしょう。

我尝了一口，觉得有点儿甜。
Wǒ chángle yì kǒu, juéde yǒudiǎnr tián.

私は一口食べてみて、少し甘いと感じました。

你尝尝这个西瓜甜不甜。
Nǐ chángchang zhège xīguā tián bu tián.

このスイカが甘いかどうかちょっと食べてみてください。

错过这次机会，就要等到明年了。
Cuòguò zhè cì jīhuì, jiù yào děngdào míngnián le.

この機会を逃すと、来年まで待たないといけません。

我错过了这次演出，真遗憾。
Wǒ cuòguòle zhè cì yǎnchū, zhēn yíhàn.

私はこの上演を見逃し、大変残念に思います。

你还是先打个电话吧，看他在不在家。
Nǐ háishi xiān dǎ ge diànhuà ba, kàn tā zài bu zài jiā.

あなたはやはり先に電話をかけて、彼が家にいるかいないかを確認してください。

我等电梯的时候，她打来了电话。
Wǒ děng diàntī de shíhou, tā dǎlaile diànhuà.

私がエレベーターを待っているとき、彼女が電話をかけてきました。

137

367		
☐☐☐ **到来** dàolái	ダオ ライ dào lái	動 やってくる、訪れる

368		
☐☐☐ **关门** guān//mén	グアン メン guān mén	動 閉店する 解説 その日の営業を終えて閉店する、という意

369		
☐☐☐ **急** jí	ヂィ jí	動 急ぐ　形 急を要する

370		
☐☐☐ **记** jì	ヂィ jì	動 覚えている、書く

371		
☐☐☐ **教书** jiāo//shū	ヂアオ シュウ jiāo shū	動 教師をする、教鞭をとる

372		
☐☐☐ **考** kǎo	カオ kǎo	動 試験を受ける

这份幸福，她追求了十年才到来。
Zhè fèn xìngfú, tā zhuīqiúle shí nián cái dàolái.

この幸せは、彼女が10年追い求めてようやく訪れたものだ。

大家对这位新同学的到来表示欢迎。
Dàjiā duì zhè wèi xīn tóngxué de dàolái biǎoshì huānyíng.

みんなはこの新しいクラスメートが来たことに歓迎を表しました。

银行现在可能已经关门了。
Yínháng xiànzài kěnéng yǐjīng guānmén le.

銀行は今もう閉まっているでしょう。

这个公园晚上十点关门。
Zhège gōngyuán wǎnshang shí diǎn guānmén.

この公園は夜10時に閉まります。

她急着出门，钱包忘在家里了。
Tā jízhe chūmén, qiánbāo wàngzài jiāli le.

彼女は急いで家を出たので、財布を家に置き忘れました。

这件事很急，麻烦你尽快做好。
Zhè jiàn shì hěn jí, máfan nǐ jǐnkuài zuòhǎo.

この事はとても急ぐので、申し訳ありませんが、なるべく早くしてください。

你记不记得我和你说过的话?
Nǐ jì bu jide wǒ hé nǐ shuōguo de huà?

あなたは私と話したことを覚えていますか。

我写在黑板上，你们记在本子上。
Wǒ xiězài hēibǎn shang, nǐmen jìzài běnzi shang.

私は黒板に書き、あなたたちはノートに書き写します。

我母亲原来在这所学校教书。
Wǒ mǔqin yuánlái zài zhè suǒ xuéxiào jiāoshū.

私の母はもともとこの学校で教えていました。

我打算毕业以后去教书。
Wǒ dǎsuàn bìyè yǐhòu qù jiāoshū.

私は卒業後教師になるつもりです。

他已经复习了一个多月了，肯定能考好。
Tā yǐjīng fùxíle yí ge duō yuè le, kěndìng néng kǎohǎo.

彼はすでに1カ月以上復習していて、きっと試験の結果はいいでしょう。

这次考试很容易，我考了90分。
Zhè cì kǎoshì hěn róngyì, wǒ kǎole jiǔshí fēn.

この試験は簡単で、私は90点取りました。

373			
	聊 liáo	リアオ liáo	動 話をする

374			
	怕 pà	パァ pà	動 嫌いだ、苦手だ

375			
	少 shǎo	シァオ shǎo	動 足りない

376			
	日 聴説 听说 tīng//shuō	ティン シュオ tīng shuō	動 聞いたところによる と～らしい

377			
	忘 wàng	ウアン wàng	動 忘れる

378			
	想要 xiǎng yào	シアン イアオ xiǎng yào	動 ～したいと思う、 ～してほしい、欲しい

咱们聊聊关于你的事儿。
Zánmen liáoliao guānyú nǐ de shìr.

私たちはあなたのことを話しましょう。

大家一边喝茶，一边聊天儿。
Dàjiā yìbiān hē chá, yìbiān liáotiānr.

みんなでお茶を飲みながら、おしゃべりをします。

他特别怕疼，不想打针。
Tā tèbié pà téng, bù xiǎng dǎzhēn.

彼はとりわけ痛いのが嫌いで、注射を打ちたがりません。

辣椒要少放一点儿，我怕辣。
Làjiāo yào shǎo fàng yìdiǎnr, wǒ pà là.

唐辛子は少なくしてください。私は辛いのが苦手ですので。

服务员，我们还少一双筷子。
Fúwùyuán, wǒmen hái shǎo yì shuāng kuàizi.

店員さん、箸が1膳足りません。

这里只有四张票，还少一张。
Zhèli zhǐ yǒu sì zhāng piào, hái shǎo yì zhāng.

ここにはチケットが4枚しかなく、1枚足りません。

他很有文化，听说是研究生毕业。
Tā hěn yǒu wénhuà, tīngshuō shì yánjiūshēng bìyè.

彼はとても教養があります。聞くところによると大学院を修了しているそうです。

我怎么没听说呀?
Wǒ zěnme méi tīngshuō ya?

私はどうして聞いたことがないのでしょう？

要不是她提醒我，我几乎忘了。
Yàobúshì tā tíxǐng wǒ, wǒ jīhū wàng le.

もし彼女が気づかせてくれなければ、私は危うく忘れるところでした。

晚上你别忘了关门。
Wǎnshang nǐ bié wàngle guānmén.

夜はドアを閉めるのを忘れないでください。

我想要你帮我一个忙，好吗?
Wǒ xiǎng yào nǐ bāng wǒ yí ge máng, hǎo ma?

あなたに手伝ってもらいたいのですが、いいですか？

这位小姐想要一杯咖啡。
Zhè wèi xiǎojiě xiǎng yào yì bēi kāfēi.

こちらのお嬢さんはコーヒーを1杯欲しがっています。

指定語句

頻出語句

生活語句

動詞

379	选 xuǎn	シュエン xuǎn	動選ぶ
380	愿 yuàn	ユエン yuàn	動願う、望む
381	长大 zhǎngdà	ヂァン ダァ zhǎng dà	動成長する、育つ
382	照 zhào	ヂァオ zhào	動照らす 名写真
383	知 zhī	ヂィ zhī	動知っている
384	住院 zhù//yuàn	ヂュウ ユエン zhù yuàn	動入院する ⇔ **出院** chūyuàn 退院する

指定語句

頻出語句

生活語句

動詞

他们刚刚选出了厂长。
Tāmen gānggāng xuǎnchūle chǎngzhǎng.

彼らはつい先ほど工場長を選出しました。

你帮我选选，哪一个好看？
Nǐ bāng wǒ xuǎnxuan, nǎ yí ge hǎokàn?

私のために選んでください。どちらが見栄えがいいですか？

我愿你考上理想的学校。
Wǒ yuàn nǐ kǎoshàng lǐxiǎng de xuéxiào.

私はあなたが理想の学校に合格することを願っています。

参加不参加这次活动，应该根据自愿的原则。
Cānjiā bu cānjiā zhè cì huódòng, yīnggāi gēnjù zìyuàn de yuánzé.

この活動に参加するかしないかは自由意志の原則に基づきます。

我是老北京，从小在这里长大。
Wǒ shì lǎo Běijīng, cóngxiǎo zài zhèli zhǎngdà.

私は生粋の北京人で、小さいころからここで育ちました。

长大以后，明白的事情就更多了。
Zhǎngdà yǐhòu, míngbai de shìqing jiù gèng duō le.

大きくなって、分かることがさらに多くなりました。

太阳照在身上，一点儿也不觉得冷。
Tàiyáng zhàozài shēn shang, yìdiǎnr yě bù juéde lěng.

太陽が身体を照らし、少しも寒さを感じません。

大家过来拍照，照片我会在晚上传给大家。
Dàjiā guòlai pāizhào, zhàopiàn wǒ huì zài wǎnshang chuángěi dàjiā.

みんなで写真を撮りましょう、写真は私が夜にみなさんに送ります。

知法犯法的事儿，咱们不能做。
Zhī fǎ fàn fǎ de shìr, zánmen bù néng zuò.

故意に法を犯すことは、我々にはできません。

明天九点开会，望大家周知。
Míngtiān jiǔ diǎn kāihuì, wàng dàjiā zhōuzhī.

明日9時に会合があります。皆さんにお知らせください。

医生说最好住院观察两天。
Yīshēng shuō zuì hǎo zhùyuàn guānchá liǎng tiān.

医者は、入院して2日ほど様子を見るのがよいと言っています。

住院期间，很多朋友都来看我了。
Zhùyuàn qíjiān, hěn duō péngyou dōu lái kàn wǒ le.

入院している間、多くの友達が私を見舞いに来てくれました。

方向補語

 Track **65**

385		
	～出 チュウ chū ~chū	方補 出す、現われる

386		
	～开 カイ kāi ~kāi	方補 開く、離れる

387		
	～来 ライ lái ~lái	方補 ～してくる

388		
	～去 チュ qù ~qù	方補 ～していく

389		
	～上 シァン shàng ~shàng	方補 ～を達成する

390		
	～下 シア xià ~xià	方補 下ろす、落ち着ける

第6周 / 第3天

医生根据病人的情况，做出了住院的决定。
Yīshēng gēnjù bìngrén de qíngkuàng, zuòchūle zhùyuàn de juédìng.

医者は病人の状況に基づいて、入院の決定を出しました。

他们想出了一个好办法。
Tāmen xiǎngchūle yí ge hǎo bànfǎ.

彼らはひとつよい方法を思いつきました。

这个礼物是包好的，还没打开。
Zhège lǐwù shì bāohǎo de, hái méi dǎkāi.

このプレゼントはしっかり包装されていて、まだ開けていません。

电梯的门打不开了。
Diàntī de mén dǎbukāi le.

エレベーターのドアが開かなくなりました。

他快回来了，你们等一会儿吧。
Tā kuài huílai le, nǐmen děng yíhuìr ba.

彼はまもなく帰ってくるので、あなたたちはしばらく待っていてください。

天还没黑，月亮就出来了。
Tiān hái méi hēi, yuèliang jiù chūlai le.

空がまだ暗くなっていないのに、もう月が出てきました。

我们出去呼吸一下新鲜空气吧。
Wǒmen chūqu hūxī yíxià xīnxiān kōngqì ba.

私たちは出ていって新鮮な空気をちょっと吸いましょう。

电影马上就要开始了，我们进去吧。
Diànyǐng mǎshàng jiù yào kāishǐ le, wǒmen jìnqu ba.

映画がまもなく始まるので、私たちは入っていきましょう。

请你把门关上，好吗？
Qǐng nǐ bǎ mén guānshàng, hǎo ma?

ドアをしっかり閉めてもらえますか？

经过一年的努力，他终于考上了大学。
Jīngguò yì nián de nǔlì, tā zhōngyú kǎoshàngle dàxué.

一年の努力を経て、彼はついに大学に合格しました。

我包里放不下了，你帮我拿着吧。
Wǒ bāo li fàngbuxià le, nǐ bāng wǒ názhe ba.

私のかばんにはもう入れることができないので、あなたが代わりに持っていてください。

我真放心不下他们，万一出了事怎么办？
Wǒ zhēn fàngxīnbuxià tāmen, wànyī chūle shì zěnme bàn?

私は本当に彼らのことで安心できません、万が一何かあったらどうしましょうか。

145

方向補語・結果補語

CH〜CH

391				
	〜出来	チュウ chū	ライ lai	方補 〜出す、取り出す 物事を明らかにする
	〜chū//lai			

392				
	〜出去	チュウ chū	チュ qu	方補 出ていく
	〜chū//qu			

393				
	〜起来	チィ qǐ	ライ lai	方補 〜したところ 〜始める、してみると
	〜qǐ//lai			解説 複合方向補語の派生義

394				
	〜上去	シァン shàng	チュ qu	方補 上に登っていく 〜のようにみえる
	〜shàng//qu			

395				
	〜下来	シア xià	ライ lai	方補 〜になってくる 〜しておく
	〜xià//lai			解説 複合方向補語の派生義

396			
	〜成	チォン chéng	結補 〜になる
	〜chéng		

她把自己的经验拿出来和大家分享。
Tā bǎ zìjǐ de jīngyàn náchulai hé dàjiā fēnxiǎng.

彼女は自分の経験を持ち出して、みんなと共有します。

即使他戴着口罩我也能认出来。
Jíshǐ tā dàizhe kǒuzhào wǒ yě néng rènchulai.

たとえ彼がマスクをしていても、私は誰か分かります。

下个月开始我打算从家里搬出去住。
Xià ge yuè kāishǐ wǒ dǎsuàn cóng jiāli bānchuqu zhù.

来月から、私は家を出て暮らすつもりです。

我去放放这些牛，它们也想出去了。
Wǒ qù fàngfang zhèxiē niú, tāmen yě xiǎng chūqu le.

私はこれらの牛を放牧に行きます、牛たちも外に出たがっています。

他看起来有点儿老，不像三十岁。
Tā kànqilai yǒudiǎnr lǎo, bú xiàng sānshí suì.

彼は見たところ少し老けていて、30歳には見えません。

他的脸圆圆的，笑起来很可爱。
Tā de liǎn yuányuán de, xiàoqilai hěn kě'ài.

彼の顔はまんまるで、笑うととてもかわいい。

这栋楼没有电梯，只能走上去。
Zhè dòng lóu méiyǒu diàntī, zhǐ néng zǒushangqu.

このビルにはエレベーターがないので、歩いて上っていくしかありません。

他看上去三十多岁，其实已经四十多岁了。
Tā kànshangqu sānshí duō suì, qíshí yǐjīng sìshí duō suì le.

彼は30歳過ぎに見えますが、実はすでに40歳を過ぎています。

她每天都运动两个小时，终于瘦下来了。
Tā měitiān dōu yùndòng liǎng ge xiǎoshí, zhōngyú shòuxialai le.

彼女は毎日2時間の運動をして、ついに痩せてきました。

请把你会的答案写下来。
Qǐng bǎ nǐ huì de dá'àn xiěxialai.

あなたができた答えを書いてください。

这里以前是一所学校，现在变成了商场。
Zhèli yǐqián shì yì suǒ xuéxiào, xiànzài biànchéngle shāngchǎng.

ここは以前学校でしたが、今はショッピングモールになりました。

你可以把我看成是你的朋友。
Nǐ kěyǐ bǎ wǒ kànchéng shì nǐ de péngyou.

私をあなたの友達だと思っていいですよ。

指定語句／頻出語句／生活語句　方向補語・結果補語

結果補語

Track 67

397			
	〜到	ダオ dào	結補 〜できる、達する
	~dào		解説 目的の達成を示す

398			
	〜懂	ドゥン dǒng	結補 〜してわかる
	~dǒng		

399			
	〜好	ハオ hǎo	結補 しっかりと〜する ちゃんと〜する
	~hǎo		

400			
	〜会	ホイ huì	結補 〜できるようになる
	~huì		

401			
	〜见	チエン jiàn	結補 (感じ取って) 〜で きる
	~jiàn		

402			
	〜完	ウアン wán	結補 〜し終わる
	~wán		

这些药你放得太低了，孩子都能拿到。
Zhèxiē yào nǐ fàngde tài dī le, háizi dōu néng nádào.

この薬をあなたは低すぎるところに置いたので、子どもでも手が届きます。

我多么想找到一个好工作呀!
Wǒ duōme xiǎng zhǎodào yí ge hǎo gōngzuò ya!

私は本当によい仕事を見つけたいと思っています。

别人都听懂了，就是我还不太明白。
Biérén dōu tīngdǒng le, jiùshì wǒ hái bú tài míngbai.

他の人はみんな聞き取れたのに、私だけまだあまりよくわかりません。

你学了四年英语,应该能看懂这篇文章。
Nǐ xuéle sì nián Yīngyǔ, yīnggāi néng kàndǒng zhè piān wénzhāng.

あなたは4年間英語を学んでいるので、この文章は読んでわかるはずです。

他画得很快，一会儿就画好了。
Tā huàde hěn kuài, yíhuìr jiù huàhǎo le.

彼は絵を描くのが早く、少しの時間でしっかりと描きました。

你接好了，别掉了。
Nǐ jiēhǎo le, bié diào le.

ちゃんと受け取って、落とさないでください。

学会用火，是人类的重要发现。
Xuéhuì yòng huǒ, shì rénlèi de zhòngyào fāxiàn.

火を使えるようになったのは、人類の重要な発見です。

这个字很难写，我还没学会。
Zhège zì hěn nán xiě, wǒ hái méi xuéhuì.

この字は書くのが難しく、私はまだしっかり覚えていません。

你往东走二百米，就能看见火车站。
Nǐ wǎng dōng zǒu èrbǎi mǐ, jiù néng kànjiàn huǒchēzhàn.

東へ200メートル歩くと、駅が見えます。

只听见有人说话，没看见人。
Zhǐ tīngjiàn yǒu rén shuōhuà, méi kànjiàn rén.

誰かが話している声が聞こえるだけで、人は見当たらない。

老师明天要检查作业，我还没写完呢。
Lǎoshī míngtiān yào jiǎnchá zuòyè, wǒ hái méi xiěwán ne.

先生は明日宿題を確認しますが、私はまだ書き終わっていません。

他表演完了以后，大家都鼓起掌来。
Tā biǎoyǎnwánle yǐhòu, dàjiā dōu gǔqi zhǎng lai.

彼が演じ終わった後、みんなは拍手をし始めました。

指定語句

頻出語句

生活語句

結果補語

149

403	～住 デュウ zhù ~zhù	結補 ちゃんと～ しっかりと～
404	不用 ブゥ bú イゥン yòng búyòng	副 しなくても良い、必要ない 動 使わない
405	才 ツァイ cái cái	副 たった、やっと
406	常 チァン cháng cháng	副 よく、いつも
407	日従 从小 ツゥン cóng シアオ xiǎo cóngxiǎo	副 小さい頃から
408	好好儿 ハオ hǎo ハオル hāor hǎohāor	副 しっかりと

我说的话你记得住记不住？
Wǒ shuō de huà nǐ jìdezhù jìbuzhù?

私が話したことをあなたはちゃんと覚えていますか？

他的名字很长，我记不住。
Tā de míngzi hěn cháng, wǒ jìbuzhù.

彼の名前はとても長く、私はしっかり覚えきれません。

不用说了，我都知道了。
Búyòng shuō le, wǒ dōu zhīdao le.

言わなくてもいいです、私は全てわかりました。

这些东西我不用了，你拿走吧。
Zhèxiē dōngxi wǒ bú yòng le, nǐ názǒu ba.

これらのものは私は使わないので、あなたが持って行ってください。

他才十五岁，不能喝酒。
Tā cái shíwǔ suì, bù néng hē jiǔ.

彼はまだたったの15歳で、お酒を飲むことはできません。

这个词语老师解释了半天，我才明白。
Zhège cíyǔ lǎoshī jiěshìle bàntiān, wǒ cái míngbai.

この単語について先生が長い間説明して、私はやっとわかりました。

星期天我常去商店买东西。
Xīngqītiān wǒ cháng qù shāngdiàn mǎi dōngxi.

日曜日に私はよく店へ行って買い物をします。

我的儿子常听着音乐写作业。
Wǒ de érzi cháng tīngzhe yīnyuè xiě zuòyè.

私の息子はよく音楽を聴きながら宿題をしています。

从小到大，我一直没离开过父母。
Cóng xiǎo dào dà, wǒ yìzhí méi líkāiguo fùmǔ.

小さい頃から大きくなるまで、私はずっと両親から離れたことがありません。

他从小就希望当一名老师。
Tā cóngxiǎo jiù xīwàng dāng yì míng lǎoshī.

彼は小さい時から先生になりたがっていました。

这次旅行路线我们一定要好好儿选择一下。
Zhè cì lǚxíng lùxiàn wǒmen yídìng yào hǎohāor xuǎnzé yíxià.

今回の旅行ルートを、私たちはしっかり選ばなくてはいけません。

我们要好好儿庆祝一下这个特别的日子。
Wǒmen yào hǎohāor qìngzhù yíxià zhège tèbié de rìzi.

私たちはこの特別な日をしっかりとお祝いしなければなりません。

指定語句

頻出語句

生活語句

結果補語・副詞

副詞・固有名詞

409

较

チアオ
jiào

jiào

副 比べて、比較的

類 **比较 bǐjiào** 比較的

410

再

ツァイ
zài

zài

副 (先に述べたこととは)別に、そのほかに

411

总

ツゥン
zǒng

zǒng

副 いつも

412

春节

チュン　デエ
Chūn　jié

Chūnjié

固 春節

413

东北人

ドゥン　ベイ　レン
Dōng　běi　ren

Dōngběirén

固 東北地方出身の人

414

日広

グアン　ヂォウ
Guǎng　zhōu

广州

Guǎngzhōu

固 広州

她在同龄人中看起来还是较年轻的。
Tā zài tónglíngrén zhōng kànqilai háishi jiào niánqīng de.

彼女は同年齢の中ではやはりやや若く見えます。

这次考试成绩较上次有明显进步。
Zhè cì kǎoshì chéngjì jiào shàng cì yǒu míngxiǎn jìnbù.

今回のテストの成績は前回と比べ明らかに向上しました。

桌子上摆着鸡、鸭，再摆一盆汤吧。
Zhuōzi shang bǎizhe jī、yā, zài bǎi yì pén tāng ba.

テーブルの上に鶏や鴨が並んでいます、さらにスープも置きましょう。

这里风景美，再加上气候好。
Zhèli fēngjǐng měi, zài jiāshàng qìhòu hǎo.

ここの風景はとても綺麗で、その上気候も良いです。

弟弟总爱跟着哥哥。
Dìdi zǒng ài gēnzhe gēge.

弟はいつも兄についていくのが好きです。

他走路的时候总低着头。
Tā zǒulù de shíhou zǒng dīzhe tóu.

彼が道を歩くときはいつもうつむいています。

我们决定春节的时候结婚。
Wǒmen juédìng Chūnjié de shíhou jiéhūn.

私たちは春節のときに結婚することに決めました。

今年春节我不打算回家过年。
Jīnnián Chūnjié wǒ bù dǎsuàn huí jiā guònián.

今年の春節に私は実家に帰って年を越すつもりはありません。

这家饭馆儿的老板是东北人。
Zhè jiā fànguǎnr de lǎobǎn shì dōngběirén.

このレストランの店長は（中国の）東北地方の出身です。

我认识很多东北人，他们都很热心。
Wǒ rènshi hěn duō dōngběirén, tāmen dōu hěn rèxīn.

私には東北出身の知り合いが多くいて、彼らはとても親切です。

我不一定去上海，也可能去广州。
Wǒ bù yídìng qù Shànghǎi, yě kěnéng qù Guǎngzhōu.

私は上海に行くとは限りません、広州に行くかもしれません。

广东省的省会是广州市。
Guǎngdōngshěng de shěnghuì shì Guǎngzhōushì.

広東省の省都は広州市です。

固有名詞・量詞

SH～WA

Track 70

415

シィ チエ ウエン ホア チエ

世界文化节 Shì jiè wén huà jié

Shìjiè wénhuàjié

固 世界文化祭

解説 元はインドのNGO「アートオブリビング」の記念イベントのこと。一般的には、人種や国籍を超えて多様な人が参加する、行事やイベントを指す

416

チゥン チウ チエ

中秋节 Zhōng qiū jié

Zhōngqiūjié

固 中秋節

解説 旧暦の8月15日に行われる、東アジアの伝統的な行事

417

フェン

分 fēn

fēn

量 分（貨幣・時間単位）

418

チア

家 jiā

jiā

量 軒

解説 企業や店を数える

419

ミン

名 míng

míng

量 位、人

解説 順位と人数を数える

420

ウアン

碗 wǎn

wǎn

量 杯

解説 お碗などに入ったものを数える

我参加过去年的世界文化节。
Wǒ cānjiāguo qùnián de Shìjiè wénhuàjié.

私は去年の世界文化祭に参加しました。

你知道今年的世界文化节是什么时候吗?
Nǐ zhīdao jīnnián de Shìjiè wénhuàjié shì shénme shíhou ma?

今年の世界文化祭はいつか知っていますか?

妈妈正在准备中秋节晚上的团圆饭。
Māma zhèngzài zhǔnbèi Zhōngqiūjié wǎnshang de tuányuánfàn.

母は今、中秋節の夜に家族そろって食べる食事を準備しているところです。

在中秋节,人们一般都会吃月饼。
Zài Zhōngqiūjié, rénmen yìbān dōu huì chī yuèbing.

中秋節には、人々は普通みんな月餅を食べます。

现在是差五分四点。
Xiànzài shì chà wǔ fēn sì diǎn.

現在4時5分前（3時55分）です。

您给我二十块,找您八毛六分。
Nín gěi wǒ èrshí kuài, zhǎo nín bā máo liù fēn.

20元のお支払いで、おつりは8角6分です。

我哥哥在一家银行工作。
Wǒ gēge zài yì jiā yínháng gōngzuò.

私の兄は銀行で働いています。

我去了三家书店,才买到这本书。
Wǒ qùle sān jiā shūdiàn, cái mǎidào zhè běn shū.

私は本屋を3軒回り、やっとこの本を買うことができました。

他参加了全校游泳比赛,得了第一名。
Tā cānjiāle quánxiào yóuyǒng bǐsài, déle dì yī míng.

彼は全校水泳大会に参加して、第1位になりました。

在他父亲的影响下,他成为了一名画家。
Zài tā fùqin de yǐngxiǎng xià, tā chéngwéile yì míng huàjiā.

父親の影響のもと、彼は画家になりました。

我喝了一大碗汤,差不多饱了。
Wǒ hēle yí dà wǎn tāng, chàbuduō bǎo le.

私は丼1杯のスープを飲んで、ほとんどお腹いっぱいになりました。

你别客气,再吃一碗吧。
Nǐ bié kèqi, zài chī yì wǎn ba.

遠慮しないで、もう1杯食べてください。

接尾辞・接頭辞

BI～XI

421

ビエン

～边 biān

~biān

接尾 ～の方、～側

解説 単独では使わず、**"这边" "右边"** のように場所・方向を表す名詞と一緒に使う

422

メン

～们 men

~men

接尾 ～たち

解説 複数の人を表す接尾辞

423

ミエン

～面 miàn

~miàn

接尾 ～側

解説 **"外面" "后面"** のように場所・方向を表す名詞と一緒に使う

424

ティエン

～天 tiān

~tiān

接尾 季節や気候につける

解説 **"春天" "晴天"** など、季節や気候の名詞と一緒に使う

425

ダァ

大～ dà

dà~

接頭 大きな～

426

シアオ

小～ xiǎo

xiǎo~

接頭 ～さん、小さい～

解説 1字の姓の前につけて、年下の人に親しみを表す

低年级的同学坐左边,高年级的同学坐右边。
Dīniánjí de tóngxué zuò zuǒbiān, gāoniánjí de tóngxué zuò yòubiān.

低学年のみなさんは左側に座り、高学年のみなさんは右側に座ってください。

晚上，我们经常到河边散步。
Wǎnshang, wǒmen jīngcháng dào hébiān sànbù.

夜、私たちはいつも川辺へ行って散歩します。

我们班同学们的关系很亲密。
Wǒmen bān tóngxuémen de guānxi hěn qīnmì.

私たちクラスメートの関係はとても親密です。

人们都以为他是中学生，其实他已经上大学了。
Rénmen dōu yǐwéi tā shì zhōngxuéshēng, qíshí tā yǐjīng shàng dàxué le.

人々はみんな彼を中学生と思っていましたが、実際はすでに大学へ進学していました。

外面没有灯，特别黑。
Wàimiàn méiyǒu dēng, tèbié hēi.

外は明かりがなく、とりわけ暗いです。

小心前面的汽车!
Xiǎoxīn qiánmiàn de qìchē!

気を付けて、前から車！

虽然已经是春天了，可还是这么冷。
Suīrán yǐjīng shì chūntiān le, kě háishi zhème lěng.

すでに春になっているのに、まだこんなに寒いなんて。

我们学校里树很多,所以夏天不那么热。
Wǒmen xuéxiào li shù hěn duō, suǒyǐ xiàtiān bú nàme rè.

私たちの学校には木が多いので、夏はそれほど暑くありません。

大熊猫为什么爱吃竹子?
Dàxióngmāo wèi shénme ài chī zhúzi?

ジャイアントパンダはどうして竹を食べるのが好きなのでしょうか？

你这病需要到大医院去看了。
Nǐ zhè bìng xūyào dào dà yīyuàn qù kàn le.

あなたの病気は大きな病院に行って診断してもらう必要があります。

这些小鸟多可爱呀!
Zhèxiē xiǎo niǎo duō kě'ài ya!

これらの小鳥は何とかわいいのでしょう。

树上有很多小鸟。
Shù shang yǒu hěn duō xiǎo niǎo.

木の上にはたくさんの小鳥がいます。

指定語句

頻出語句

生活語句

接尾辞・接頭辞

数量詞・疑問代名詞・接続詞・助動詞

DI〜YI

Track 72

427	点儿 ディアル diǎnr diǎnr	数量 少し
		解説 数量・程度どちらにも使える

428	有点儿 イオウ ディアル yǒu diǎnr yǒudiǎnr	数量 少し
		解説 あまり好ましくないことについての程度を表す

429	有些 イオウ シエ yǒu xiē yǒuxiē	数量 一部の、いくつかの

430	多 ドゥオ duō duō	疑 どれだけ〜なのか

431	那 ナア nà nà	接 それでは

432	应 イン yīng yīng	助動 〜すべきだ
		与 应该 yīnggāi

你们渴了一上午了，喝点儿水吧。
Nǐmen kěle yí shàngwǔ le, hē diǎnr shuǐ ba.

あなたたちは午前中ずっとのどが渇いていたでしょうから、少し水を飲んでください。

时间不多了，我们骑快点儿吧。
Shíjiān bù duō le, wǒmen qí kuài diǎnr ba.

時間がなくなってきたので、私たちは（自転車を）少し早くこいでいきましょう。

屋子里有点儿脏，我们打扫一下吧。
Wūzi li yǒudiǎnr zāng, wǒmen dǎsǎo yíxià ba.

部屋の中が少し汚れているので、ちょっと掃除しましょう。

我从来没参加过比赛，所以有点儿紧张。
Wǒ cónglái méi cānjiāguo bǐsài, suǒyǐ yǒudiǎnr jǐnzhāng.

私はこれまで試合に参加したことがないので、少し緊張しています。

北京有些公园是收费的，有些是免费的。
Běijīng yǒuxiē gōngyuán shì shōufèi de, yǒuxiē shì miǎnfèi de.

北京の一部の公園は有料で、一部は無料です。

现在情况有些变化，我们需要重新做决定。
Xiànzài qíngkuàng yǒuxiē biànhuà, wǒmen xūyào chóngxīn zuò juédìng.

現在の状況はいくつか変化があり、私たちは改めて決定をする必要があります。

你穿多大号的衬衫?
Nǐ chuān duō dà hào de chènshān?

あなたはどのくらいのサイズのワイシャツを着ていますか？

从机场到学校坐出租车要多长时间?
Cóng jīchǎng dào xuéxiào zuò chūzūchē yào duō cháng shíjiān?

空港から学校までタクシーでどのくらいの時間がかかりますか？

那我就先走了，你们聊。
Nà wǒ jiù xiān zǒu le, nǐmen liáo.

それではお先に失礼します。皆様はお話を続けてください。

那接下来我们谈谈你最近的学习情况。
Nà jiēxiàlai wǒmen tántan nǐ zuìjìn de xuéxí qíngkuàng.

それでは、続いて私たちはあなたの最近の学習状況について話しましょう。

我本应先跟你说的，但是来不及了。
Wǒ běn yīng xiān gēn nǐ shuō de, dànshì láibují le.

私はもともと先にあなたに話すべきでしたが、間に合いませんでした。

根据法律，你们应当承担这个责任。
Gēnjù fǎlǜ, nǐmen yīngdāng chéngdān zhège zérèn.

法律によると、あなたたちがこの責任を負うべきです。

指定語句

頻出語句

生活語句

数量詞・疑問代名詞・接続詞・助動詞

フレーズ

Track 73

433

不怎么〜

ブゥ ツェン マ
bù zěn me

🔲 あまり〜でない

bù zěnme~

434

〜极了

ディ ラ
jí le

🔲 非常に、激しく

~jíle

435

节日快乐

チエ リィ クアイ ロォ
jié rì kuài lè

🔲 (祭日に) おめでとう

jiérì kuàilè

436

进球

チン チウ
jìn qiú

🔲 ゴールする

jìn qiú

解説 サッカーなど、スポーツに
ついて話すときに使われる

437

日薬

开药

カイ イアオ
kāi yào

🔲 薬を処方する

kāi yào

438

看了看

カン ラ カン
kàn le kàn

🔲 パッと見た

kànle kàn

指定語句

頻出語句

生活語句

フレーズ

这个手机不怎么好用。
Zhège shǒujī bù zěnme hǎoyòng.

この携帯電話はあまり使いやすくありません。

大卫现在不怎么运动，比以前胖了。
Dàwèi xiànzài bù zěnme yùndòng, bǐ yǐqián pàng le.

デビッドは現在あまり運動せず、以前より太ってしまいました。

我们刚比赛完，现在累极了。
Wǒmen gāng bǐsàiwán, xiànzài lèijí le.

私たちは試合が終わったばかりで、今非常に疲れています。

听到这个消息，他高兴极了。
Tīngdào zhège xiāoxi, tā gāoxìngjí le.

この知らせを聞いて、彼は非常に喜びました。

今天是教师节，祝老师们节日快乐！
Jīntiān shì Jiàoshījié, zhù lǎoshīmen jiérì kuàilè!

今日は教師の日です。先生方、おめでとうございます。

今天是母亲节，祝妈妈节日快乐！
Jīntiān shì Mǔqīnjié, zhù māma jiérì kuàilè!

今日は母の日です。お母さん、おめでとう！

比赛进行一个小时了，终于进球了。
Bǐsài jìnxíng yí ge xiǎoshí le, zhōngyú jìn qiú le.

試合が始まって1時間経ち、ついにシュートが入りました。

球是进了，却是个乌龙球。
Qiú shì jìn le, què shì ge wūlóngqiú.

ゴールが決まりましたが、オウンゴールでした。

开了药请去那个窗口缴费。
Kāile yào qǐng qù nàge chuāngkǒu jiǎofèi.

薬を処方されたら、あの窓口でお支払いください。

你感冒了，我给你开点儿感冒药吧。
Nǐ gǎnmào le, wǒ gěi nǐ kāi diǎnr gǎnmàoyào ba.

あなたは風邪をひいているので、私は風邪薬を少し処方しましょう。

他看了看钟，继续睡觉了。
Tā kànle kàn zhōng, jìxù shuìjiào le.

彼はパッと時計を見て、そのまま寝続けました。

她看了看手帐，答应了明天的聚会。
Tā kànle kàn shǒuzhàng, dāyingle míngtiān de jùhuì.

彼女はパッと手帳を見て、明日の集まりに参加すると答えました。

---

439 ～了没？ ~le méi?	ラ メイ le méi	カ ～したの？
440 旅客朋友 lǚkè péngyou	リュ コォ ポォン イオウ lǚ kè péng you	カ 旅行者の皆さん
441 你看 nǐ kàn	ニィ カン nǐ kàn	カ 見て、ほら、ねえ **解説** 注意を促すとき、また意見を求めるときに使う
442 什么的 shénme de	シェン マ ダ shén me de	カ など、等々
443 刷信用卡 shuā xìnyòngkǎ	シュア シン イゥン カァ shuā xìn yòng kǎ	カ カードで支払う
444 要～了 yào~le	イアオ ラ yào le	カ まもなく～する 句 快要～了 kuàiyào ~ le 就要～了 jiù yào ~ le

你作业做完了没? Nǐ zuòyè zuòwán le méi?	宿題は終わったの?
你的感冒好了没? Nǐ de gǎnmào hǎo le méi?	風邪は治ったの?
旅客朋友，请您保管好您的随身物品。 Lǚkè péngyou, qǐng nín bǎoguǎnhǎo nín de suíshēn wùpǐn.	旅行者の皆さん、身の回りのものはしっかりと携帯してください。
旅客朋友请走左边的通道。 Lǚkè péngyou qǐng zǒu zuǒbiān de tōngdào.	旅行者の皆さん、左側の通路を通ってください。
你看，今晚的月亮多大呀! Nǐ kàn, jīnwǎn de yuèliang duō dà ya!	見て、今晩の月は何と大きいのでしょう。
我觉得这么写不太好，你看呢? Wǒ juéde zhème xiě bú tài hǎo, nǐ kàn ne?	私はこう書くのはあまりよくないと思います。あなたはどう思いますか?
我早饭一般会吃包子、饺子什么的。 Wǒ zǎofàn yìbān huì chī bāozi, jiǎozi shénme de.	私は朝ご飯に普通肉まんや餃子などを食べます。
糖什么的尽量少吃，对身体不好。 Táng shénme de jǐnliàng shǎo chī, duì shēntǐ bù hǎo.	砂糖などはできるだけあまり食べないほうがいいです。体に良くありません。
去国外旅游一般都刷信用卡。 Qù guówài lǚyóu yìbān dōu shuā xìnyòngkǎ.	海外旅行に行く際は普通クレジットカードを使います。
比起付现金，刷信用卡更方便。 Bǐqǐ fù xiànjīn, shuā xìnyòngkǎ gèng fāngbiàn.	現金で支払うより、クレジットカードの方がずっと便利です。
他俩要结婚了，你信不信? Tā liǎ yào jiéhūn le, nǐ xìn bu xìn?	彼らがまもなく結婚するというのを、あなたは信じますか?
马上就要下雨了，你别走了。 Mǎshàng jiù yào xià yǔ le, nǐ bié zǒu le.	まもなく雨が降るので、出かけないで。

指定語句

頻出語句

生活語句　フレーズ

445			
	一步一步 イィ ブゥ イィ ブゥ °yí bù °yí bù	☑ 一歩一歩	
	yí bù yí bù	⚠ "**步**" と日本語の「歩」との字体の違いに注意	

446		
越～越… ユエ ユエ yuè yuè	☑ ～すればするほど…である	
yuè~yuè…		

447		
越来越 ユエ ライ ユエ yuè °lái yuè	☑ ますます	
yuè lái yuè		

448		
怎么了? ツェン マ ラ zěn me le?	☑ どうしましたか?	
zěnme le?		

449		
日売 **怎么卖?** ツェン マ マイ zěn me mài?	☑ いくらですか?	
zěnme mài?	図 **多少钱? duōshao qián?**	

450		
做事 ツゥオ シィ zuò shì	☑ (何か)物事を行う 仕事をする	
zuò//shì		

指定語句
頻出語句
生活語句
フレーズ

那个孩子在一步一步地慢慢儿往前走。
Nàge háizi zài yí bù yí bù de mànmānr wǎng qián zǒu.

あの子供は一歩一歩ゆっくりと前に進んでいます。

丈夫微笑着一步一步地走向妻子。
Zhàngfu wéixiàozhe yí bù yí bù de zǒuxiàng qīzi.

夫は微笑みながら一歩一歩、妻に近づきました。

飞机越飞越高。
Fēijī yuè fēi yuè gāo.

飛行機は飛べば飛ぶほど高くなっていきます。

他越喝越高兴，一会儿就喝醉了。
Tā yuè hē yuè gāoxìng, yíhuìr jiù hēzuì le.

彼は飲めば飲むほど上機嫌になり、まもなく酔っぱらいました。

现在，动物的种类越来越少了。
Xiànzài, dòngwù de zhǒnglèi yuè lái yuè shǎo le.

現在、動物の種類はますます少なくなっています。

他越来越有名了。
Tā yuè lái yuè yǒumíng le.

彼はますます有名になりました。

你怎么了？看起来有点儿不高兴。
Nǐ zěnme le? Kànqilai yǒudiǎnr bù gāoxìng.

あなた、どうしたのですか。なんだか機嫌が悪いようですね。

电脑怎么了？怎么开不开了？
Diànnǎo zěnme le? Zěnme kāibukāi le?

（コンピューターが）どうしたの？どうして電源がつかないの？

这些书怎么卖？
Zhèxiē shū zěnme mài?

これらの本はいくらですか？

你这苹果怎么卖？
Nǐ zhè píngguǒ zěnme mài?

このリンゴはいくらで売っていますか？

你是领导，说话、做事要注意影响。
Nǐ shì lǐngdǎo, shuōhuà, zuòshì yào zhùyì yǐngxiǎng.

あなたは指導者なので、話すことや行いは影響に気を付けなければなりません。

他不是特别聪明的人，但做事非常努力。
Tā bú shì tèbié cōngmíng de rén, dàn zuò shì fēicháng nǔlì.

彼はずば抜けて頭の良い人ではありませんが、仕事には非常に勤勉です。

覚えておきたい "要" の使い方　動詞ほか

動詞

①ほしい、してほしい

例文

○我要这个苹果。　　　　　私はこのリンゴがほしい。

○妈要我好好学习。　　　　母は私にきちんと勉強してほしい。

②もらう、注文する

例文

○我跟同学要了一张电影票。　同級生から映画のチケットをもらった。

○我要了一盘麻婆豆腐。　　麻婆豆腐を一皿注文した。

③要する、かかる

例文

○坐车要半小时就到。　　　車で 30 分あれば着く。

○这个作业要一天能做完。　この宿題はやり終えるのに一日かかる。

接続詞

もし…ならば
→要是 yàoshi ともいう。

例文

○你要不去，我就不去。　　あなたが行かないなら、私も行かない。

○怕什么? 要我就不怕。　　何を怖がっているの? 私なら怖くないよ。

フレーズ

もうすぐ…となる、…しそうだ
→ "要（快要，就要）…了" で、近い将来に関する判断をあらわす。

例文

○她要回来了。　　彼女はもうすぐ帰ってくる。

○快要下雨了。　　雨が降りそうだ。

生活語句 200

『HSK 考试大纲』に掲載されている、指定語句の字を組み合わせてできる語句（重組黙認詞）や指定語句の中の1文字・2文字のみで成り立つ語句（減字黙認詞）、中国の固有名詞・呼称（特例詞）を収録。ほかにも、日常生活でよく使う語句をまとめました。中国語学習に役に立つ語句ばかりです。

451

办公楼

bàngōnglóu

bàn	gōng	lóu
パン	グゥン	ロウ

オフィスビル

452

蛋糕店

dàngāodiàn

dàn	gāo	diàn
ダン	ガオ	ディエン

ケーキ屋

453

地铁站

dìtiězhàn

dì	tiě	zhàn
ディ	ティエ	チァン

地下鉄の駅

454

电影节

diànyǐngjié

diàn	yǐng	jié
ディエン	イン	チエ

映画祭

455

电子词典

diànzǐ cídiǎn

diàn	zǐ	cí	diǎn
ディエン	ツー	ツー	ディエン

電子辞書

456

电子邮箱

diànzǐ yóuxiāng

diàn	zǐ	yóu	xiāng
ディエン	ツー	イオウ	シアン

Eメールボックス

Track 76

第7周／第2天

457
电子游戏
diànzǐ yóuxì

电子ゲーム

diàn zǐ you xì
ディエン ツー イオウ シィ

458
东北
Dōngběi

(中国の)東北地方

解説 かつて満州と呼ばれていた地域で、遼寧省・吉林省・黒竜江省の総称

Dōng běi
ドゥン ベイ

459
放学
fàng//xué

授業が終わる

fàng xué
ファン シュエ

460
会议室
huìyìshì

会議室

huì yì shì
ホイ イィ シィ

461
开会
kāi//huì

会議を開く

kāi huì
カイ ホイ

462
门口
ménkǒu

入り口、出入口

mén kǒu
メン コウ

指定語句

頻出語句

生活語句

指定語句の字を組み合わせてできる語句

169

463 名单
míngdān

míng dān
ミン　ダン

名簿

464 名人
míngrén

míng rén
ミン　レン

名人

465 书包
shūbāo

shū bāo
シュウ　バオ

学生カバン

466 外地
wàidì

wài dì
ウアイ　ディ

よその土地

467 校园
xiàoyuán

xiào yuán
シアオ　ユエン

キャンパス

468 以后
yǐhòu

yǐ hòu
イィ　ホウ

～の後

指定語句

頻出語句

生活語句

指定語句の字を組み合わせてできる語句

469 雨季
yǔjì

雨季

yǔ ユィ　jì ディ

470 运动鞋
yùndòngxié

運動靴

yùn ユン　dòng ドゥン　xié シエ

471 照相馆
zhàoxiàngguǎn

フォトスタジオ

zhào チァオ　xiàng シアン　guǎn グアン

472 做客
zuò//kè

客として訪問する

zuò ツゥオ　kè コォ

473 遇见
yù//jiàn

出会う、出くわす

yù ユィ　jiàn チエン

474			
	北 běi	ベイ běi	名北 [解説]単独では"北边""北面"などの形が一般的

475			
	词 cí	ツー cí	名語、単語

476			
	答 dá	ダァ dá	動答える

477			
	电子 diànzǐ	ディエン ツー diàn zǐ	名電子

478			
	风 fēng	フォン fēng	名風

479			
	该 gāi	ガイ gāi	助動 ～すべきだ ～しなければならない 同 应该 yīnggāi ～すべきだ

指定語句

頻出語句

生活語句

指定語句の中の 1 文字・2 文字のみで成り立つ語句

这间屋子朝北，见不到太阳。
Zhè jiān wūzi cháo běi, jiànbudào tàiyáng.

この部屋は北向きで太陽が見えません。

我迷路了，分不清哪边是南，哪边是北。
Wǒ mílù le, fēnbuqīng nǎbiān shì nán, nǎbiān shì běi.

道に迷ってしまって、どちらが南で、どちらが北か区別がつきません。

这个句子里有三个词我不知道是什么意思。
Zhège jùzi li yǒu sān ge cí wǒ bù zhīdào shì shénme yìsi.

この文には私が意味を知らない語が 3 つあります。

有时候一个词也是一个句子。
Yǒu shíhou yí ge cí yě shì yí ge jùzi.

時に、1 語でも 1 文になることがあります。

对不起，这道题我答不上来。
Duìbuqǐ, zhè dào tí wǒ dábushànglai.

ごめんなさい、この問題は答えられません。

学生答对了，老师满意地笑了。
Xuésheng dáduì le, lǎoshī mǎnyìde xiào le.

学生が正解して、先生は満足そうにっこりしました。

这不是我的电子手表。
Zhè bú shì wǒ de diànzǐ shǒubiǎo.

これは私の電子腕時計ではありません。

用电子书看书很方便。
Yòng diànzǐshū kàn shū hěn fāngbiàn.

電子書籍で本を読むのはとても便利です。

现在刮的是东风。
Xiànzài guā de shì dōngfēng.

今、吹いているのは東の風です。

天上的云一会儿就被风吹跑了。
Tiānshàng de yún yíhuìr jiù bèi fēng chuīpǎo le.

空の雲はしばらくして風に飛ばされました。

我的头发长了，该理发了。
Wǒ de tóufa cháng le, gāi lǐfà le.

私の髪は長くなったので、そろそろ切らないといけません。

你这么说，我更不知道该怎么办了。
Nǐ zhème shuō, wǒ gèng bù zhīdào gāi zěnme bàn le.

あなたがそんな風に言うから、私はどうするべきかもっと分からなくなりました。

480	刮 guā	グア guā	動 吹く
481	黄 huáng	ホアン huáng	形 黄色い
482	或 huò	フオ huò	接 あるいは、または 類 或者 huòzhě
483	节 jié	ヂエ jié	名 祝日
484	斤 jīn	ヂン jīn	量 500 グラム (中国) 600 グラム (台湾)
485	酒 jiǔ	ヂウ jiǔ	名 お酒

大风把树枝都刮断了。
Dàfēng bǎ shùzhī dōu guāduàn le.

強風が木の枝を吹き折ってしまいました。

刮了两天的风，天气冷了很多。
Guāle liǎng tiān de fēng, tiānqì lěngle hěn duō.

2日間風が吹いて、ずっと寒くなりました。

那个黄颜色的包是我的。
Nàge huáng yánsè de bāo shì wǒ de.

あの黄色いかばんは私のです。

我喜欢红皮鞋，不喜欢黄的。
Wǒ xǐhuan hóng píxié, bù xǐhuan huáng de.

私は赤い革靴が好きで、黄色いのは好きではありません。

明天或后天，你哪一天有空?
Míngtiān huò hòutiān, nǐ nǎ yì tiān yǒu kòng?

明日か明後日、あなたはどちらが空いていますか？

周末我一般在家看书，或者去运动。
Zhōumò wǒ yìbān zài jiā kàn shū, huòzhě qù yùndòng.

週末、私は普段家で本を読んでいるか、運動をしに行っています。

明天是圣诞节，我们不留作业了。
Míngtiān shì Shèngdànjié, wǒmen bù liú zuòyè le.

明日はクリスマスです。宿題はやり残さないようにしましょう。

今天过节，咱们去饭馆儿吃吧。
Jīntiān guò jié, zánmen qù fànguǎnr chī ba.

今日は祝日です。私たちでレストランへご飯を食べに行きましょう。

我买了二十斤米，够吃一个月了。
Wǒ mǎile èrshí jīn mǐ, gòu chī yí ge yuè le.

私は10キログラムのお米を買いました。1カ月は持ちます。

这些香蕉看起来很好，我们买几斤吧。
Zhèxiē xiāngjiāo kànqilai hěn hǎo, wǒmen mǎi jǐ jīn ba.

これらのバナナは美味しそうなので、私たちは何斤か買いましょう。

我喜欢中国文化，像茶文化、酒文化等等。
Wǒ xǐhuan Zhōngguó wénhuà, xiàng chá wénhuà, jiǔ wénhuà děngděng.

お茶やお酒の文化などのような中国の文化が好きです。

我妹妹很能喝酒。
Wǒ mèimei hěn néng hē jiǔ.

私の妹は、お酒に強いです。

指定語句　頻出語句　生活語句　指定語句の中の 1 文字・2 文字のみで成り立つ語句

175

486		デュ jù	名文　量言葉を表す
	句 jù		

487		デュ jù	介〜によると
	据 jù		

488		パァ pá	動登る
	爬 pá		

489		ピン píng	名瓶　量瓶に入ったものを数える
	瓶 píng		関 瓶子 píngzi

490		シァン shān	名山
	山 shān		

491		シュア shuā	動（カードを）読み取る
	刷 shuā		関 刷卡 shuākǎ クレジットカードで支払う

指定語句

頻出語句

生活語句

指定語句の中の1文字・2文字のみで成り立つ語句

我们今天学习的重点是"把"字句。
Wǒmen jīntiān xuéxí de zhòngdiǎn shì "bǎ" zìjù.

私たちが今日学ぶポイントは"把"の文です。

这件事用一句话说不清楚。
Zhè jiàn shì yòng yí jù huà shuōbuqīngchu.

このことは一言でははっきり言えません。

据他介绍，这座城市有两千年的历史。
Jù tā jièshào, zhè zuò chéngshì yǒu liǎngqiān nián de lìshǐ.

彼の紹介によると、この町には二千年の歴史があります。

据天气预报说，今天会下雨。
Jù tiānqì yùbào shuō, jīntiān huì xià yǔ.

天気予報によると、今日は雨が降るでしょう。

他们爬到了长城最高的地方，兴奋极了。
Tāmen pádàole Chángchéng zuìgāo de dìfang, xīngfènjí le.

彼らは万里の長城の最も高いところに登り、非常に興奮しました。

他小时候，就爱上树爬墙。
Tā xiǎo shíhou, jiù ài shàng shù pá qiáng.

彼は幼い頃、木に登ったり、壁を登ったりするのが好きでした。

他把酒瓶都带走了。
Tā bǎ jiǔpíng dōu dàizǒu le.

彼は酒瓶を全部持っていきました。

我喝不了一瓶啤酒，我们俩每人半瓶吧。
Wǒ hēbuliǎo yì píng píjiǔ, wǒmen liǎ měi rén bàn píng ba.

私はビールを1本飲み切れません、私たちは2人で半分ずつ飲みましょう。

这个地方有山有水，周围的环境很好。
Zhège dìfang yǒu shān yǒu shuǐ, zhōuwéi de huánjìng hěn hǎo.

ここには山も川もあり、周囲の環境はとても良いです。

那座山高五千米。
Nà zuò shān gāo wǔqiān mǐ.

あの山は5000メートルの高さです。

上车后请刷卡，没卡乘客请买票。
Shàng chē hòu qǐng shuākǎ, méi kǎ chéngkè qǐng mǎi piào.

乗車した後、カードで清算してください。カードをお持ちでない方は切符を買ってください。

出国旅游的话，刷卡比现金更方便。
Chūguó lǚyóu dehuà, shuākǎ bǐ xiànjīn gèng fāngbiàn.

海外旅行なら、クレジットカードの方が現金よりずっと便利です。

492			
	头 tóu	トォウ tóu	名頭

493			
	网 wǎng	ウアン wǎng	名網、インターネット 関 网球 wǎngqiú テニス

494			
	相机 xiàngjī	シアン ヂィ xiàng jī	名カメラ

495			
	鞋 xié	シエ xié	名靴

496			
	心 xīn	シン xīn	名気持ち、心

497			
	行李 xíngli	シン リ xíng li	名荷物

他头疼得一夜没睡好觉。
Tā tóuténgde yí yè méi shuìhǎo jiào.

彼は頭が痛くて1晩中よく眠れませんでした。

他在低着头看书，什么也没发现。
Tā zài dīzhe tóu kàn shū, shénme yě méi fāxiàn.

彼はうつむいて本を読んでいて、何も気づきませんでした。

这个网球场一直开到晚上十点。
Zhège wǎngqiúchǎng yìzhí kāidào wǎnshang shí diǎn.

このテニスコートは夜10時までずっと開いています。

年轻人中流行在网上谈恋爱。
Niánqīngrén zhōng liúxíng zài wǎngshang tán liàn'ài.

若者の間でネット上の恋愛が流行っています。

把你的相机给我看看，好吗?
Bǎ nǐ de xiàngjī gěi wǒ kànkan, hǎo ma?

あなたのカメラを私にちょっと見せてくれませんか？

这台相机是爸爸十年前买的。
Zhè tái xiàngjī shì bàba shí nián qián mǎi de.

このカメラは父が10年前に買ったものです。

这双鞋太旧了，我不穿。
Zhè shuāng xié tài jiù le, wǒ bù chuān.

この靴は古すぎるので、私は履きません。

你穿多大号的鞋?
Nǐ chuān duō dà hào de xié?

あなたはどのサイズの靴を履きますか？

我第一次表演时，心里特别紧张。
Wǒ dì yī cì biǎoyǎn shí, xīnli tèbié jǐnzhāng.

私は初めて演じたとき、とても緊張しました。

他离开父母时，心里难受极了。
Tā líkāi fùmǔ shí, xīnli nánshòují le.

両親の元を離れたとき、彼はつらくて仕方がありませんでした。

对不起，我们要检查一下您的行李。
Duìbuqǐ, wǒmen yào jiǎnchá yíxià nín de xíngli.

すみません、私たちはあなたの荷物を検査しなければなりません。

这些行李，麻烦你帮我照顾一下。
Zhèxiē xíngli, máfan nǐ bāng wǒ zhàogù yíxià.

これらの荷物を、すみませんが見ていてくれませんか？

指定語句

頻出語句

生活語句

指定語句の中の 1 文字・2 文字のみで成り立つ語句

498	興趣 xìngqù	シン xìng チュ qù	图 興味、関心
499	邮件 yóujiàn	イオウ yóu チエン jiàn	图 郵便物、メール
500	遇 yù	ユィ yù	動 出くわす、遭遇する 解説 良い意味でも悪い意味でも使う
501	照相 zhào//xiàng	ヂァオ zhào シアン xiàng	動 写真を撮る

他把兴趣都放在学习上了,一点儿也不讲究吃穿。
Tā bǎ xìngqù dōu fàngzài xuéxí shang le, yìdiǎnr yě bù jiǎngjiu chīchuān.

彼は興味をすべて学習に向けていて、食べ物にも着る物にもまったくこだわりません。

最近,他对中国历史产生了很大的兴趣。
Zuìjìn, tā duì Zhōngguó lìshǐ chǎnshēngle hěn dà de xìngqù.

最近、彼は中国史にとても興味が出てきました。

我昨天收到了他好几封邮件。
Wǒ zuótiān shōudàole tā hǎojǐ fēng yóujiàn.

私は昨日彼からの郵便物をいくつも受け取りました。

这些电子邮件都是垃圾邮件。
Zhèxiē diànzǐ yóujiàn dōu shì lājī yóujiàn.

これらの電子メールはすべて迷惑メールです。

在公园里正好遇上了老同学,就聊了起来。
Zài gōngyuán li zhènghǎo yùshàngle lǎo tóngxué, jiù liáoleqǐlai.

公園の中でちょうど旧友に会い、話し始めました。

昨天我在车站遇见他了。
Zuótiān wǒ zài chēzhàn yùjiàn tā le.

昨日私は駅で彼に会いました。

现在大家都用手机照相了。
Xiànzài dàjiā dōu yòng shǒujī zhàoxiàng le.

今はみんな携帯電話で写真を撮るようになりました。

咱们一块儿照张相吧。
Zánmen yíkuàir zhào zhāng xiàng ba.

私たちは一緒に写真を撮りましょう。

指定語句 頻出語句 生活語句

指定語句の中の 1 文字・2 文字のみで成り立つ語句

181

502

《汉语大字典》
Hànyǔ Dàzìdiǎn

『漢語大字典』

Hàn	yǔ	Dà	zì	diǎn
ハン	ユィ	ダァ	ツー	ディエン

解説 書籍名

503

《历史上的今天》
Lìshǐ Shang De Jīntiān

『歴史上の今日』

Lì	shǐ	Shang	De	Jīn	tiān
リィ	シィ	シァン	ダ	チン	ティエン

解説 テレビ番組の名称

504

《上下五千年》
Shàngxià Wǔqiān Nián

『上下五千年』

Shàng	xià	Wǔ	qiān	Nián
シァン	シア	ウゥ	チエン	ニエン

解説 書籍名

505

《十五的月亮》
Shíwǔ De Yuèliang

『十五の月』

Shí	wǔ	De	Yuè	liang
シィ	ウゥ	ダ	ユエ	リアン

解説 曲名

506

《向左走向右走》
Xiàng Zuǒ Zǒu Xiàng Yòu Zǒu

『ターンレフト・ターンライト』

Xiàng	Zuǒ	Zǒu	Xiàng	Yòu	Zǒu
シアン	ツゥオ	ツゥオウ	シアン	イオウ	ツゥオ

解説 書籍・映画のタイトル

507

《月亮船》
Yuèliang Chuán

『月の船』

Yuè	liang	Chuán
ユエ	リアン	チュアン

解説 曲名

508

《月亮河》
Yuèliang Hé

『ムーンリバー』

Yuè	liang	Hé
ユエ	リアン	ホォ

解説 書籍・曲のタイトル

509

白经理
Bái jīnglǐ

白 (バイ) 社長

Bái	jīng	lǐ
バイ	チン	リィ

510

北京大学
Běijīng Dàxué

北京大学

Běi	jīng	Dà	xué
ベイ	チン	ダァ	シュエ

511

北京西站
Běijīng Xī Zhàn

北京西駅

Běi	jīng	Xī	Zhàn
ベイ	チン	シィ	チァン

512

冬冬
Dōngdōng

トントン

Dōng	dōng
ドゥン	ドゥン

解説 男性のニックネーム

513

高叔叔
Gāo shūshu

高 (ガオ) おじさん

Gāo	shū	shu
ガオ	シュウ	シュ

指定語句

頻出語句

生活語句

試験にでる中国の固有名詞・呼称

514

国家图书馆
Guójiā Túshūguǎn

Guó | jiā | Tú | shū | guǎn
グオ | チア | トゥ | シュウ | グアン

国家図書館

515

河南
Hénán

Hé | nán
ホォ | ナン

河南省

516

花城
Huāchéng

Huā | chéng
ホア | チォン

広州の別称

517

黄山
Huáng Shān

Huáng | Shān
ホアン | シァン

黄山 (こうざん)

解説 中国・安徽省にある景勝地

518

老张
Lǎo Zhāng

Lǎo | Zhāng
ラオ | ヂァン

張 (ジャン) さん

解説 目上の相手

519

刘阿姨
Liú āyí

Liú | ā | yí
リウ | ア | イィ

劉 (リウ) おばさん

184

Track **84**

指定語句

頻出語句

生活語句

試験にでる中国の固有名詞・呼称

520

南京
Nánjīng

南京市

Nán　jīng
ナン　ヂン

521

山西
Shānxī

山西省

Shān　xī
シャン　シィ

522

甜甜
Tiántián

甜甜 (ティエンティエン)

Tián　tián
ティエン　ティエン

523

西南大学
Xīnán Dàxué

西南大学

Xī　nán　Dà　xué
シィ　ナン　ダァ　シュエ

524

小黄
Xiǎo Huáng

黄 (ホアン) さん

Xiǎo　Huáng
シアオ　ホアン

解説 目下の相手

525

小马
Xiǎo Mǎ

馬 (マー) さん

Xiǎo　Mǎ
シアオ　マァ

解説 目下の相手

185

526

张爷爷
Zhāng yéye

Zhāng	yé	ye
チァン	イエ	イエ

張 (ジャン) おじい
さん

527

中国银行
Zhōngguó Yínháng

Zhōng	guó	Yín	háng
ヂゥン	グオ	イン	ハン

中国銀行

覚えておきたい助動詞 "会" の使い方

①可能：〜することができる
→ 技術などを習得した結果、「〜できるようになった」という意味で使う

例文

○**他会说英语。** 彼は英語が話せる。

○**她会滑雪。** 彼女はスキーができる。

○**他不会游泳。** 彼は泳げない。

②推測・可能性：〜だろう、〜はずだ

例文

○**明天会下雨。** 明日雨が降るだろう。

○**他会解决这个问题。** 彼がこの問題を解決するはずだ。

○**她不会原谅我。** 彼女は私を許さないだろう。

③〜するのが上手である
→ 前によく "**很** hěn" や "**真** zhēn"、"**最** zuì" などをつける

例文

○**她很会做饭。** 彼女は料理が上手だ。

○**你很会开玩笑呢。** あなたは冗談が上手いね。

○**他真会唱歌。** 彼は本当に歌が上手だ。

親族名称

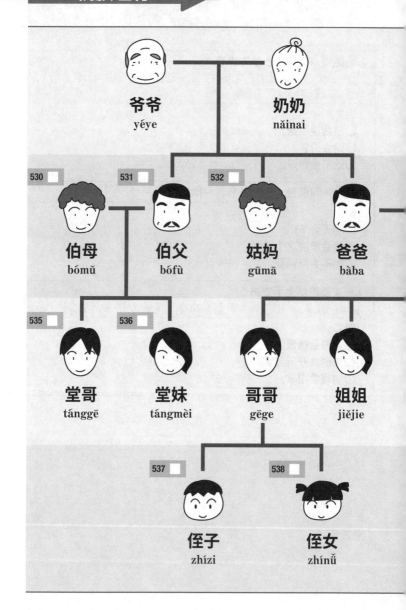

爺爺
yéye

奶奶
nǎinai

530 伯母
bómǔ

531 伯父
bófù

532 姑妈
gūmā

爸爸
bàba

535 堂哥
tánggē

536 堂妹
tángmèi

哥哥
gēge

姐姐
jiějie

537 侄子
zhízi

538 侄女
zhínǚ

指定語句

頻出語句

生活語句

親族名称

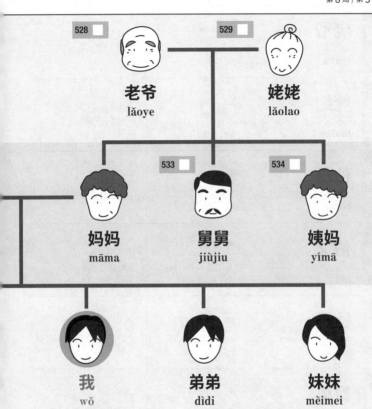

| 528 | 529 |
| 老爷 lǎoye | 姥姥 lǎolao |

| 533 | 534 |
| 妈妈 māma | 舅舅 jiùjiu | 姨妈 yímā |

| 我 wǒ | 弟弟 dìdi | 妹妹 mèimei |

書き言葉と会話での呼称

関係	書き言葉	呼びかけ
父	父亲 fùqin	爸爸 bàba
母	母亲 mǔqin	妈妈 māma
兄	兄 xiōng	哥哥 gēge
弟	弟 dì	弟弟 dìdi
姉	姐 jiě	姐姐 jiějie
妹	妹 mèi	妹妹 mèimei
父の兄	伯父 bófù	大伯/大爷 dàbó/dàyé
父の弟	叔父 shūfù	叔叔 shūshu

関係	書き言葉	呼びかけ
父の姉妹	姑母 gūmǔ	姑姑/姑妈 gūgu/gūmā
父方の祖父	祖父 zǔfù	爷爷 yéye
父方の祖母	祖母 zǔmǔ	奶奶 nǎinai
母の兄弟	舅父 jiùfù	舅舅 jiùjiu
母の姉妹	姨母 yímǔ	姨妈 yímā
母方の祖父	外祖父 wàizǔfù	老爷 lǎoye
母方の祖母	外祖母 wàizǔmǔ	姥姥 lǎolao

家族・数字に関する言葉

528	老爷	lǎo yé	おじいさん（母方の祖父）
	lǎoye	ラオ イエ	
529	姥姥	lǎo lao	おばあさん（母方の祖母）
	lǎolao	ラオ ラオ	
530	伯母	bó mǔ	伯母さん（父の兄の妻）
	bómǔ	ボォ ムゥ	
531	伯父	bó fù	伯父さん（父の兄）
	bófù	ボォ フゥ	
532	姑妈	gū mā	おばさん（父の姉妹）
	gūmā	グゥ マァ	
533	舅舅	jiù jiu	おじさん（母の兄弟）
	jiùjiu	ヂウ ヂウ	
534	姨妈	yí mā	おばさん（母の姉妹）
	yímā	イィ マァ	
535	堂哥	táng gē	（父方、年上で男性の）いとこ
	tánggē	タン ゴォ	

No.	中国語	ピンイン／発音	意味
536	**堂妹** tángmèi	táng mèi タン メイ	(父方、年下で女性の) いとこ
537	**侄子** zhízi	zhí zǐ ディ ヅ	甥
538	**侄女** zhínǚ	zhí nǚ ディ ニュ	姪
539	**一亿** yí yì	yǐ yì イィ イィ	1億 ("一万万" ともいう)
540	**一兆** yí zhào	yí zhào イィ ヂァオ	1兆
541	**二〇二五** èrlíng'èrwǔ	èr líng èr wǔ アル リン アル ウゥ	2025 (西暦などの数え方)
542	**1100** yìqiānyī	yì qiān yī イィ チェン イィ	1100 (数字の数え方)
543	**1001** yìqiānlíngyī	yì qiān líng yī イィ チェン リン イィ	1001 (数字の数え方)

指定語句　頻出語句　生活語句　家族・数字に関する言葉

| 544 | 钥匙 | yào shi | 鍵 |
| | yàoshi | イアオ シ | |

| 545 | 纸巾 | zhǐ jīn | ティッシュ |
| | zhǐjīn | ヂィ ヂン | |

| 546 | 卫生纸 | wèi shēng zhǐ | トイレットペーパー |
| | wèishēngzhǐ | ウエイ シォン ヂィ | |

| 547 | 洗发液 | xǐ fà yè | シャンプー |
| | xǐfàyè | シィ ファ イエ | |

| 548 | 牙刷 | yá shuā | ハブラシ |
| | yáshuā | イア シュア | |

| 549 | 日历 | rì lì | カレンダー |
| | rìlì | リィ リィ | |

| 550 | 肥皂 | féi zào | 石鹸 |
| | féizào | フェイ ツァオ | |

| 551 | 电扇 | diàn shàn | 扇風機 |
| | diànshàn | ディエン シャン | |

| 552 | 电话机 | diàn huà jī | 電話機 |
| | diànhuàjī | ディエン ホア ヂィ | |

| 553 | 洗衣机 | xǐ yī jī | 洗濯機 |
| | xǐyījī | シィ イィ ヂィ | |

| 554 | 吸尘器 | xī chén qì | 掃除機 |
| | xīchénqì | シィ チェン チィ | |

| 555 | 微波炉 | wēi bō lú | 電子レンジ |
| | wēibōlú | ウエイ ボォ ルゥ | |

| 556 | 床 | chuáng | ベッド |
| | chuáng | チュアン | |

| 557 | 沙发 | shā fā | ソファ |
| | shāfā | シア ファ | |

| 558 | 衣柜 | yī guì | 洋服ダンス |
| | yīguì | イィ グイ | |

| 559 | 时钟 | shí zhōng | 時計 |
| | shízhōng | シィ ヂゥン | |

560	杯子	bēi	zi	コップ
	bēizi	ベイ	ツ	

561	匙子	chí	zi	スプーン
	chízi	チィ	ツ	

562	叉子	chā	zi	フォーク
	chāzi	チア	ツ	

563	小刀	xiǎo	dāo	(小さい) ナイフ
	xiǎodāo	シアオ	ダオ	

564	菜刀	cài	dāo	中華包丁
	càidāo	ツァイ	ダオ	

565	卧室	wò	shì	寝室
	wòshì	ウォ	シィ	

566	厨房	chú	fáng	台所
	chúfáng	チュウ	ファン	

567	客厅	kè	tīng	リビング
	kètīng	コォ	ティン	

568	卫生间	wèi shēng jiān	トイレ
	wèishēngjiān	ウエイ シォン ヂエン	

569	书房	shū fáng	書斎
	shūfáng	シュウ ファン	

570	婴儿	yīng ér	乳児
	yīng'ér	イン アル	

571	幼儿	yòu ér	幼児
	yòu'ér	イオウ アル	

572	孩子	hái zi	子ども
	háizi	ハイ ツ	

573	儿童	ér tóng	児童
	értóng	アル トゥン	

574	成人	chéng rén	成人
	chéngrén	チォン レン	

575	小朋友	xiǎo péng you	坊っちゃん、お嬢ちゃん（呼びかけ）
	xiǎopéngyou	シアオ ポォン イオウ	

指定語句

頻出語句

生活語句

身の回りのもの・部屋・人に関する言葉

576	年轻人	nián qīng rén	若者
	niánqīngrén	ニエン チン レン	

577	小姐	xiǎo jiě	～さん (若い女性)
	xiǎojiě	シアオ デエ	

578	先生	xiān sheng	～さん (男性)
	xiānsheng	シエン シォン	

579	师傅	shī fu	～さん (特殊な技能を持つ人への敬称)
	shīfu	シィ フゥ	

580	邮局	yóu jú	郵便局
	yóujú	イオウ デュ	

581	公安派出所	gōng ān pài chū suǒ	交番
	gōng'ān pàichūsuǒ	グゥン アン パイ チュウ スゥオ	

582	博物馆	bó wù guǎn	博物館
	bówùguǎn	ボォ ウゥ グアン	

583	游乐园	yóu lè yuán	遊園地
	yóulèyuán	イオウ ロォ ユエン	

584			
歌剧院	gē jù yuàn		オペラハウス
	gējùyuàn	ゴォ デュ ユエン	

585			
广场	guǎng chǎng		広場
	guǎngchǎng	グアン チァン	

586			
幼儿园	yòu er yuán		幼稚園
	yòu'éryuán	イオウ アル ユエン	

587			
住宅区	zhù zhái qū		住宅地
	zhùzháiqū	デュウ デァイ チュ	

588			
闹市区	nào shì qū		繁華街
	nàoshìqū	ナオ シィ チュ	

589			
天空	tiān kōng		空
	tiānkōng	ティエン クウン	

590			
星星	xīng xing		星
	xīngxing	シン シン	

591			
湖	hú		湖
	hú	フゥ	

指定語句

頻出語句

生活語句

人・街・自然に関する言葉

197

自然・単位・地名

 90

| 592 | 水池 | shuǐ chí | 池、(台所の) 流し台 |
| | shuǐchí | シュイ チィ | |

| 593 | 农村 | nóng cūn | 農村 |
| | nóngcūn | ヌゥン ツゥン | |

| 594 | 农场 | nóng chǎng | 農場 |
| | nóngchǎng | ヌゥン チァン | |

| 595 | 植物 | zhí wù | 植物 |
| | zhíwù | ヂィ ウゥ | |

| 596 | 石头 | shí tou | 石 |
| | shítou | シィ トゥ | |

| 597 | 岩石 | yán shí | 岩石 |
| | yánshí | イエン シィ | |

| 598 | 公里 | gōng lǐ | キロメートル |
| | gōnglǐ | グゥン リィ | |

| 599 | 厘米 | lí mǐ | センチメートル |
| | límǐ | リィ ミィ | |

Track 90

第9周/第1天

600	**毫米** 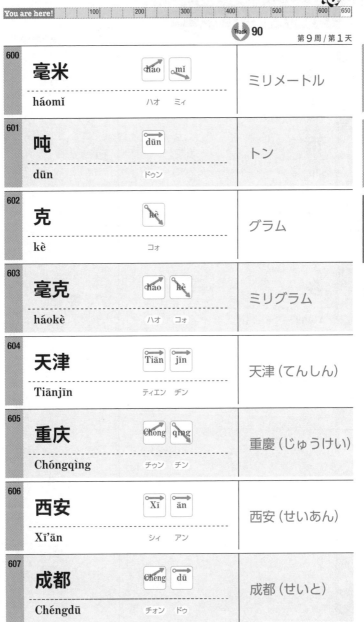 háomǐ	háo mǐ ハオ ミィ	ミリメートル
601	**吨** dūn	dūn ドゥン	トン
602	**克** kè	kè コォ	グラム
603	**毫克** háokè	háo kè ハオ コォ	ミリグラム
604	**天津** Tiānjīn	Tiān jīn ティエン ヂン	天津 (てんしん)
605	**重庆** Chóngqìng	Chóng qìng チゥン チン	重慶 (じゅうけい)
606	**西安** Xī'ān	Xī ān シィ アン	西安 (せいあん)
607	**成都** Chéngdū	Chéng dū チォン ドゥ	成都 (せいと)

指定語句

頻出語句

生活語句

自然・単位・地名

199

行政区分

608	省 shěng shěng シォン	省（しょう）
609	市 shì shì シィ	市
610	县 xiàn xiàn シエン	県
611	乡 xiāng xiāng シアン	郷、農村部

結果補語・可能補語

612			
☐☐☐	**〜错** ~cuò	ツゥオ cuò	結補 〜し間違える

613			
☐☐☐	**〜走** ~zǒu	ツォウ zǒu	結補 〜し去る

614			
☐☐☐	**〜光** ~guāng	グアン guāng	結補 〜し切る、なくなる

615			
☐☐☐	**〜着** ~zháo	ヂァオ zháo	結補 達成する、〜つく

616			
☐☐☐	**〜得(不)见** ~de(bu)jiàn	ダ de / デエン jiàn	可補 知覚できる (できない)

617			
☐☐☐	**〜得(不)完** ~de(bu)wán	ダ de / ウアン wán	可補 終われる (終われない)

指定語句

頻出語句

生活語句

結果補語・可能補語

他做错了事，害怕被老师批评。
Tā zuòcuòle shì, hàipà bèi lǎoshī pīpíng.

彼は間違ったことをしたので、先生に怒られることを恐れています。

学汉语要敢说，说错了也没关系。
Xué Hànyǔ yào gǎn shuō, shuōcuòle yě méi guānxi.

中国語を学ぶには勇気を出して話すべきで、間違っても構いません。

这些水果我吃不完，你拿走一些吧。
Zhèxiē shuǐguǒ wǒ chībuwán, nǐ názǒu yìxiē ba.

これらの果物は私は食べ切れません。少し持って行ってください。

我的书被同学借走了。
Wǒ de shū bèi tóngxué jièzǒu le.

私の本は同級生に借りていかれました。

那些菜他一个人就吃光了。
Nàxiē cài tā yí ge rén jiù chīguāng le.

あれらの料理を彼は1人で食べ切りました。

这本书已经卖光了，一本也没有了。
Zhè běn shū yǐjīng màiguāng le, yì běn yě méiyǒu le.

この本はすでに売り切れました。1冊もありません。

这孩子太矮了，够不着按电梯。
Zhè háizi tài ǎi le, gòubuzháo àn diàntī.

この子どもは小さすぎるので、エレベーターのボタンに届きません。

这个电影真没意思，我都快睡着了。
Zhège diànyǐng zhēn méi yìsi, wǒ dōu kuài shuìzháo le.

この映画は本当に面白くありません。私はもうすぐ寝てしまいそうです。

请给我一个看得见风景的房间。
Qǐng gěi wǒ yí ge kàndejiàn fēngjǐng de fángjiān.

景色が見える部屋にしてください。

奶奶的耳朵什么也听不见了。
Nǎinai de ěrduo shénme yě tīngbujiàn le.

おばあさんの耳は何も聞こえなくなりました。

这么多东西，你吃得完吗?
Zhème duō dōngxi, nǐ chīdewán ma?

こんなに多くのもの、あなたは食べ終わりますか？

关于他的故事，三天三夜也说不完。
Guānyú tā de gùshi, sān tiān sān yè yě shuōbuwán.

彼についての話は、三日三晩でも語りつくせません。

複合方向補語

 Track 93

618

~上去(来)

シァン shàng　チュ qu

~shàng//qu (lai)

方補 登っていく（くる）

619

~下去(来)

シア xià　チュ qu

~xià//qu (lai)

方補 降りていく（くる）

620

~进去(来)

ヂン jìn　チュ qu

~jìn//qu (lai)

方補 入っていく（くる）

621

~出去(来)

チュウ chū　チュ qu

~chū//qu (lai)

方補 出ていく（くる）

622

~回去(来)

ホイ huí　チュ qu

~huí//qu (lai)

方補 帰っていく（くる）

623

~过去(来)

グオ guò　チュ qu

~guò//qu (lai)

方補 通り過ぎる（やってくる）

指定語句

頻出語句

生活語句

複合方向補語

这座山我爬得上去。
Zhè zuò shān wǒ pádeshàngqu.

この山を私は登れます。

你把椅子拿上来，我现在要用。
Nǐ bǎ yǐzi náshanglai, wǒ xiànzài yào yòng.

椅子を上に持ってきてください、今使いますから。

你敢从这儿跳下去吗?
Nǐ gǎn cóng zhèr tiàoxiaqu ma?

ここから飛び降りる勇気がありますか？

他坐下来后，把帽子放在了座位旁边。
Tā zuòxialai hòu, bǎ màozi fàngzàile zuòwèi pángbiān.

彼は座った後、帽子を席の横に置きました。

这条裤子太瘦了，我穿不进去。
Zhè tiáo kùzi tài shòu le, wǒ chuānbujinqu.

このズボンは縮んでしまったので、入りません。

他轻轻地走了进来。
Tā qīngqīngde zǒulejinlai.

彼はそっと入ってきました。

这房子现在用不着，我想租出去。
Zhè fángzi xiànzài yòngbuzháo, wǒ xiǎng zūchuqu.

この部屋は今使わないので、私は貸し出したいです。

他从父母家搬出来住了。
Tā cóng fùmǔ jiā bānchulai zhù le.

彼は両親の家から出て住むようになりました。

这儿的葡萄酒有名得很，你带两瓶回去吧。
Zhèr de pútaojiǔ yǒumíng dehěn, nǐ dài liǎng píng huíqu ba.

ここのワインはとても有名なので、2本持って帰ってください。

你帮我带瓶洗发水回来吧。
Nǐ bāng wǒ dài píng xǐfàshuǐ huílai ba.

私にシャンプーを1本（買って）持ってきてください。

12 路汽车刚刚开过去，你等下一辆吧。
Shí'èr lù qìchē gānggāng kāiguoqu, nǐ děng xià yí liàng ba.

12番のバスがついさっき行ってしまいました。次のバスを待ってください。

你是什么时候搬过来的?
Nǐ shì shénme shíhou bānguolai de?

あなたはいつ引っ越してきましたか？

624	~开来 ~kāi//lai	カイ ライ kāi lai	方補 はっきりする、広がる
625	~起来 ~qǐ//lai	チィ ライ qǐ lai	方補 （上の方へ）~する
626	~来 ~lái	ライ lái	方補 ~したところ、ある面から推し量ると
627	~过 ~guò	グオ guò	方補 向きを変える、ものが別のところに移る
628	~上 ~shàng	シアン shàng	方補 あるレベルに達する、達成する
629	~下 ~xià	シア xià	方補 ものが元の位置から離れる、固まる

指定語句

頻出語句

生活語句

複合方向補語・方向補語派生義

这对姐妹长得很像，很难把她们区分开来。
Zhè duì jiěmèi zhǎngde hěn xiàng, hěn nán bǎ tāmen qūfēnkailai.

この姉妹は容姿がとても似ていて、彼女たちを見分けるのは難しいです。

能帮我把东西分开来装吗？
Néng bāng wǒ bǎ dōngxi fēnkailai zhuāng ma?

ものを分けてくれませんか。

他慢慢儿地站起来，走了过去。
Tā mànmānr de zhànqilai, zǒuleguòqu.

彼はゆっくりと立ち上がり、去っていきました。

谁同意就把手举起来。
Shéi tóngyì jiù bǎ shǒu jǔqilai.

賛成の人は手を挙げてください。

他烧已经退了，看来药产生作用了。
Tā shāo yǐjīng tuì le, kànlai yào chǎnshēng zuòyòngle.

彼の熱がもう下がりました、薬が効いてきたようです。

看来她的病好了，要不不会出来的。
Kànlai tā de bìng hǎo le, yào bù bú huì chūlai de.

見たところ彼女の病気はよくなったようです。でなければ出てこれないでしょう。

她回过头来，问我叫什么名字。
Tā huíguò tóu lai, wèn wǒ jiào shénme míngzi.

彼女は振り返って、私の名前を尋ねました。

他接过咖啡，放在了桌子上。
Tā jiēguò kāfēi, fàngzàile zhuōzi shang.

彼はコーヒーを受け取り、机の上に置きました。

刮风了，关上窗户好吗？
Guā fēng le, guānshàng chuānghu hǎo ma?

風が吹き始めました、窓を閉めてもらえますか。

她为我做的这些事，使我慢慢儿爱上了她。
Tā wèi wǒ zuò de zhèxiē shì, shǐ wǒ mànmānr àishàngle tā.

彼女が私にしてくれたこれらのことで、私は少しずつ彼女を愛するようになりました。

请脱下鞋子再进去。
Qǐng tuōxia xiézi zài jìnqu.

靴を脱いでから入ってください。

这件事就这么定下来吧。
Zhè jiàn shì jiù zhème dìngxialai ba.

このことはこのように決めましょう。

方向補語派生義

 Track 95

630		
	〜上去 シァン shàng　チュ qu ~shàng//qu	方補 〜なところ
631		
	〜上来 シァン shàng　ライ lai ~shàng//lai	方補 考えが浮かんでくる、動作が完了する
632		
	〜下去 シア xià　チュ qu ~xià//qu	方補 継続していく
633		
	〜下来 シア xià　ライ lai ~xià//lai	方補 固定する、とどまる
634		
	〜出来 チュウ chū　ライ lai ~chū//lai	方補 抜け出す、判別する出来上がる
635		
	〜过去 グオ guò　チュ qu ~guò//qu	方補 あちら向きに変える正常な状態を失う

这块蛋糕看上去很好吃。
Zhè kuài dàngāo kànshangqu hěn hǎochī.

このケーキは見たところ美味しそうです。

这个计划听上去不错。
Zhège jìhuà tīngshangqu búcuò.

この計画は聞いたところなかなかいい感じです。

老师问的问题我都答上来了。
Lǎoshī wèn de wèntí wǒ dōu dáshanglai le.

先生の質問に私はすべて答えました。

他冒着生命危险，把孩子救了上来。
Tā màozhe shēngmìng wēixiǎn, bǎ háizi jiùleshànglai.

彼は生命の危険を冒して、子供を救い上げました。

你坚持学下去，就能学好汉语。
Nǐ jiānchí xuéxiaqu, jiù néng xuéhǎo Hànyǔ.

学び続ければ、中国語をマスターできます。

我们不能这么等下去了，打个电话吧。
Wǒmen bù néng zhème děngxiaqu le, dǎ ge diànhuà ba.

私たちはこのまま待ってはいられません、電話をかけてみましょう。

我一再要求留下来，他们才同意。
Wǒ yízài yāoqiú liúxialai, tāmen cái tóngyì.

私は何度も残ってくれるよう頼んで、彼らはやっと同意しました。

会议开始了，大家都安静了下来。
Huìyì kāishǐ le, dàjiā dōu ānjìnglexiàlai.

会議が始まり、みんなは静かになりました。

他才从监狱里放出来。
Tā cái cóng jiānyù li fàngchulai.

彼は刑務所から釈放されたばかりです。

我分不出来红色和绿色。
Wǒ fēnbuchūlái hóngsè hé lǜsè.

私は赤色と緑色が区別できません。

这杯水我帮你拿过去吧。
Zhè bēi shuǐ wǒ bāng nǐ náguoqu ba.

この水はあなたに持っていきますね。

你把他的书带过去吧。
Nǐ bǎ tā de shū dàiguoqu ba.

あなたは彼の本を持って行ってください。

指定語句 頻出語句 生活語句 方向補語派生義

209

方向補語派生義・フレーズ

636	**~过来** グオ guò　ライ lai ~guò//lai	方補 こちら向きに変える、正しい状態に戻す
637	**~起来** チィ qǐ　ライ lai ~qǐ//lai	方補 ~しだす、~してみると、集まる
638	**先~,然后** シエン xiān　ラン rán　ホウ hòu xiān~, ránhòu	フ まず~してから
639	**先~,再** シエン xiān　ツァイ zài xiān~, zài	フ まず~してから
640	**一~,就…** イィ yī　ヂウ jiù yī~, jiù…	フ ~するやたちまち…だ、~してすぐ…する
641	**不是~,就是…** ブゥ bú　シィ shì　ヂウ jiù　シィ shì bú shì~, jiù shì…	フ ~でなければ…だ、~か…かのどちらかだ

我把很多衣服翻过来晒晒。
Wǒ bǎ hěn duō yīfu fānguolai shàishai.

たくさんの服を裏返して、ちょっと陽に当てます。

这个道理我现在才明白过来。
Zhège dàolǐ wǒ xiànzài cái míngbaiguolai.

この道理について私はやっと分かってきました。

听到这个消息，她大声地哭了起来。
Tīngdào zhège xiāoxi, tā dàshēngde kūleqǐlai.

この知らせを聞いて、彼女は大声で泣き出しました。

这些葡萄看起来更新鲜一些。
Zhèxiē pútao kànqǐlai gèng xīnxiān yìxiē.

これらの葡萄は見たところもう少し新鮮なようです。

他早晨六点先锻炼，然后再吃早餐。
Tā zǎochen liù diǎn xiān duànliàn, ránhòu zài chī zǎocān.

彼は早朝6時にまず体を鍛えて、それから朝ご飯を食べます。

我们得先坐公共汽车，然后换地铁。
Wǒmen děi xiān zuò gōnggòng qìchē, ránhòu huàn dìtiě.

私たちはまずバスに乗って、それから地下鉄に乗り換えます。

你先听我说完，再发表你的意见。
Nǐ xiān tīng wǒ shuōwán, zài fābiǎo nǐ de yìjiàn.

あなたはまず私の話を最後まで聞いて、それからあなたの意見を言ってください。

我吃饭的习惯是先喝汤，再吃饭。
Wǒ chī fàn de xíguàn shì xiān hē tāng, zài chī fàn.

私の食事の習慣はまずスープを飲んで、それからご飯を食べることです。

他一谈到音乐就非常兴奋。
Tā yì tándào yīnyuè jiù fēicháng xīngfèn.

彼は音楽の話になるととても興奮します。

他一和人比赛就来精神。
Tā yì hè rén bǐsài jiù lái jīngshén.

彼は人と競うとなると元気になります。

周末时，他不是去电影院，就是去运动。
Zhōumò shí, tā bú shì qù diànyǐngyuàn, jiù shì qù yùndòng.

週末は、彼は映画館に行くのでなければ、運動をしに行きます。

午餐的话，不是吃米饭就是吃面条。
Wǔcān dehuà, bú shì chī mǐfàn jiù shì chī miàntiáo.

昼ご飯は、ご飯を食べるか、麺を食べるかのどちらかです。

指定語句

頻出語句

生活語句

方向補語派生義・フレーズ

フレーズ

 Track 97

642		
对～来说 duì~lái shuō	ドゥイ duì / ライ lái / シュオ shuō	フ ～にとって

643		
拿～来说 ná~lái shuō	ナァ ná / ライ lái / シュオ shuō	フ ～について言えば

644		
一～也不… yī~yě bù…	イィ yī / イエ yě / ブゥ bù	フ 少しも…ない 同 一～都不… yī~dōu bù…

645		
一～也没… yī~yě méi…	イィ yī / イエ yě / メイ méi	フ 少しも…ない 同 一～都没… yī~dōu méi…

646		
又～又… yòu~yòu…	イオウ yòu / イオウ yòu	フ ～でもあり…でもある

647		
在～下 zài~xià	ツァイ zài / シア xià	フ ～の下で 同 ～下 ~xià

这道题对我来说很简单。
Zhè dào tí duì wǒ lái shuō hěn jiǎndān.

この問題は私にとってとても簡単です。

对他来说，工作是最重要的事情。
Duì tā lái shuō, gōngzuò shì zuì zhòngyào de shìqing.

彼にとって、仕事は最も重要なものです。

拿我来说，我不是很喜欢吃苹果。
Ná wǒ lái shuō, wǒ bú shì hěn xǐhuan chī píngguǒ.

私について言えば、リンゴを食べるのが大好きというわけではありません。

拿汉语来说，要学好不是很容易。
Ná Hànyǔ lái shuō, yào xuéhǎo bú shì hěn róngyì.

中国語について言えば、マスターするのは簡単ではありません。

老师的话她总是听得很仔细，一点儿都不漏。
Lǎoshī de huà tā zǒngshì tīngde hěn zǐxì, yìdiǎnr dōu bú lòu.

先生の話を彼女はいつも注意して聞いていて、少しも聞き漏らしません。

现在好像春天一样，一点儿都不冷。
Xiànzài hǎoxiàng chūntiān yíyàng, yìdiǎnr dōu bù lěng.

今は春のようで、少しも寒くありません。

他跟三年前一样，一点儿变化也没有。
Tā gēn sān nián qián yíyàng, yìdiǎnr biànhuà yě méiyǒu.

彼は3年前と同じで、少しも変化がありません。

他一天都没怎么说话，好像有什么心事。
Tā yì tiān dōu méi zěnme shuōhuà, hǎoxiàng yǒu shénme xīnshì.

彼は1日あまり話をせず、悩みごとがあるようです。

她又想说又不想说，真让人着急。
Tā yòu xiǎng shuō yòu bù xiǎng shuō, zhēn ràng rén zháojí.

彼女は言いたそうな、言いたくなさそうな様子で、本当にもどかしい。

他的汉字写得又快又好。
Tā de Hànzì xiěde yòu kuài yòu hǎo.

彼は漢字を書くのが速いし、綺麗だ。

一般情况下，他都是五点下班。
Yìbān qíngkuàng xià, tā dōu shì wǔ diǎn xiàbān.

通常は、彼はいつも5時に退勤します。

在大家的努力下，终于在12点前完成了。
Zài dàjiā de nǔlì xià, zhōngyú zài shí'èr diǎn qián wánchéng le.

皆さんの努力のおかげで、ついに12時前に終わりました。

指定語句　頻出語句　生活語句　フレーズ

213

648

多么~啊!　ドゥオ duō　マ me　ア a

duōme~a!

カ なんと~だろうか!

同 多~啊! duō~a!

649

跟~一样　ゲン gēn　イィ yí　イアン yàng

gēn~yíyàng

カ ~と同じだ

650

像~一样　シアン xiàng　イィ yí　イアン yàng

xiàng~yíyàng

カ ~のようだ

看，他多么快乐啊！
Kàn, tā duōme kuàilè a!

見て、彼はなんと喜んでいるの
でしょう！

多么难得的机会啊，你要把握住啊。
Duōme nándé de jīhuì a, nǐ yào bǎwòzhù a.

なんと貴重な機会でしょう。
しっかりと捕まえてください。

你儿子跟你长得一样。
Nǐ érzi gēn nǐ zhǎngde yíyàng.

あなたの息子さんはあなたと
そっくりです。

你护照上的照片跟现在不一样。
Nǐ hùzhào shang de zhàopiàn gēn xiànzài bù yíyàng.

あなたのパスポートの写真は今
と違います。

放学了，孩子们像飞一样地离开了教室。
Fàngxué le, háizimen xiàng fēi yíyàngde líkāile jiàoshì.

授業が終わりました。子供たち
は飛ぶように教室を去っていき
ました。

她的脸红得像苹果一样。
Tā de liǎn hóngde xiàng píngguǒ yíyàng.

彼女の顔はリンゴのように真っ
赤です。

さくいん 頻出語句

さくいん 生活語句

さくいん 全語句

222

●日本語監修者

楊 達　Yo Tatsushi

早稲田大学文学学術院教授、中国語教育総合研究所所長。専門は中国語の文法と第二言語習得の研究。NHK ラジオ「レベルアップ 中国語」、NHK テレビ「中国語会話」の元講師。
著作は『「NHK まいにち中国語」ワークブック CD ムック リスニング・マスター！聞けて話せる中国語』（NHK 出版）、『【DVD付】動画ではじめる！ゼロからカンタン中国語 改訂版』（共著、旺文社）、「耳タン 中国語 [単語]」シリーズ（学研マーケティング）など多数。

カバーデザイン	花本浩一
本文デザイン・DTP	有限会社トライアングル
イラスト	杉本智恵美
音声制作	一般財団法人 英語教育協議会
編集協力	古屋順子
ナレーション	李洵
	呉志剛
	都さゆり

原作：新 HSK5000 词分级词典（一〜三级）
原著作者：李禄興
原著 ISBN：9787561935071
Copyright © 2013 Beijing Language and Culture University Press
All rights reserved.

新HSK3級
必ず☆でる単 スピードマスター

令和2年（2020年）2月10日　初版第1刷発行
令和5年（2023年）4月10日　　　　第3刷発行

日本語版監修者	楊 達
発 行 人	福田富与
発 行 所	有限会社 ジェイ・リサーチ出版
	〒166-0002 東京都杉並区高円寺北 2-29-14-705
	電 話　03-6808-8801（代）　FAX 03-5364-5310
	編集部　03-6808-8806
	https://www.jresearch.co.jp
印 刷 所	㈱シナノ パブリッシング プレス

Japanese translation copyright © 2020 by J-Research Press
Japanese edition arranged with Beijing Language and Culture University Press
ISBN978-4-86392-471-0　禁無断転載。なお、乱丁・落丁はお取り替えいたします。